# Psicologia:
## das raízes aos movimentos contemporâneos

Dados Internacionais de Catalogação na Publicação (CIP)
(Câmara Brasileira do Livro, SP, Brasil)

Carpigiani, Berenice
  Psicologia: das raízes aos movimentos contemporâneos / Berenice Carpigiani. - 3. ed. rev. e ampl. - São Paulo: Cengage Learning, 2022.

  5. reimpr. da 3. ed. de 2010.
  ISBN 978-85-221-0741-4

  1. Psicologia 2. Psicologia - História I. Título.

09-05976                                              CDD-150.9

Índice para catálogo sistemático:

1. Psicologia: História 150.9

# PSICOLOGIA:
## DAS RAÍZES AOS MOVIMENTOS CONTEMPORÂNEOS

### Berenice Carpigiani

3ª edição revista e ampliada

**CENGAGE**

Austrália • Brasil • México • Cingapura • Reino Unido • Estados Unidos

**Psicologia: das raízes aos movimentos contemporâneos**

**Berenice Carpigiani**

Gerente Editorial: Patricia La Rosa

Editora de Desenvolvimento: Noelma Brocanelli

Supervisora de Produção Gráfica e Editorial: Fabiana Alencar Albuquerque

Pesquisa Iconográfica: Bruna Benezatto

Produção Editorial: Gisele Gonçalves Bueno Quirino de Souza

Copidesque: Maria Aparecida Bessana

Revisão: Maria Dolores D. Sierra Mata e Deborah Quintal

Capa: Eduardo Bertolini

Imagem de capa: August Macke / Visipix.com

Projeto Gráfico e Diagramação: SGuerra Design

Caricaturas: Fábio Benedetto

© 2010 Cengage Learning Edições Ltda.

Todos os direitos reservados. Nenhuma parte deste livro poderá ser reproduzida, sejam quais forem os meios empregados, sem a permissão, por escrito, da Editora. Aos infratores aplicam-se as sanções previstas nos artigos 102, 104, 106 e 107 da Lei nº 9.610, de 19 de fevereiro de 1998.

Esta Editora empenhou-se em contatar os responsáveis pelos direitos autorais de todas as imagens e de outros materiais utilizados neste livro. Se porventura for constatada a omissão involuntária na identificação de algum deles, dispomo-nos a efetuar, futuramente, os possíveis acertos.

Para informações sobre nossos produtos, entre em contato pelo telefone **0800 11 19 39**

Para permissão de uso de material desta obra, envie seu pedido para **direitosautorais@cengage.com**

© 2010 Cengage Learning. Todos os direitos reservados.

ISBN-10: 85-221-0741-6
ISBN-13: 978-85-221-0741-4

**Cengage Learning**
Condomínio E-Business Park
Rua Werner Siemens, 111 – Prédio 11 – Torre A – Conjunto 12
Lapa de Baixo – CEP 05069-900 – São Paulo – SP
Tel.: (11) 3665-9900 – Fax: (11) 3665-9901
SAC: 0800 11 19 39

Para suas soluções de curso e aprendizado, visite **www.cengage.com.br**

Impresso no Brasil
*Printed in Brazil*
5. reimpr. – 2022

Dedico a 3ª edição deste livro a Celso, meu marido, e à "Vó Cidinha", minha mãe.

# AGRADEÇO

Aos meus filhos pela dedicação e amor com que tecemos a história das nossas raízes;

aos amigos pela sinceridade com quem partilhamos nossa história;

à Universidade Presbiteriana Mackenzie que, norteada por princípios da ética, forma psicólogos envolvidos com o estudo, pesquisa e trabalhos em prol da saúde do ser humano;

aos colegas professores e às Instituições que têm utilizado este livro como referência ao aluno ingressante;

ao Professor Marcos Vinícius Araújo que apoia por meio de suas contribuições carinhosas e críticas inteligentes, o desejo de continuar escrevendo e ensinando nossa profissão.

# APRESENTAÇÃO

Desde o ano de 1983, venho trabalhando a memória da Psicologia por meio das disciplinas "Psicologia Geral" e "Introdução à Psicologia", em cursos de graduação em psicologia, pedagogia, filosofia, licenciaturas e pós-graduação em diferentes instituições de ensino e pesquisa.

A diversidade de experiências obtidas com alunos ao administrar suas expectativas e curiosidades, suas preocupações com o aprofundamento do estudo da história da Psicologia e os ecos desta ciência na contemporaneidade, levaram-me a preparar textos tanto para discussão quanto para o fechamento dos temas estudados em sala de aula. Desenvolvidos e trabalhados pelos alunos, vagarosamente esses textos originaram um material que, ao ser reformulado, ampliado e aprofundado, no decorrer dos anos, gerou este livro.

Sua estrutura e orientação não objetivam exclusivamente recontar a história, mas elaborar um percurso no qual seja possível pontuar os marcos de desenvolvimento do pensamento da humanidade que fundamentaram a construção de uma ciência comprometida com a investigação e o estudo do universo intrapsíquico do ser humano, apresentando conceitos, terminologia específica, sua ética e as principais personalidades envolvidas na sua edificação, de tal modo que se torne possível encontrar as raízes dos campos de atuação do psicólogo na atualidade.

Neste caminho, assumi como estratégia retomar autores, indicar bibliografias, sugerir complementação de leituras, entendendo que, desta maneira, o estudante que se interesse pelo estudo da Psicologia desde os seus primórdios sinta-se orientado.

Entendo que retomar a memória pelo estudo das origens históricas, subsidia, dignifica e clareia a prática presente. Assim sendo, os três primeiros capítulos oferecem uma apresentação do suporte filosófico e das raízes fisiológicas que são eixos de sustentação da Psicologia.

O quarto capítulo apresenta as primeiras características da ciência, seus fundadores, objetivos, métodos e terminologia específica – aspectos iniciais que marcaram a solidificação da Psicologia no universo científico.

No capítulo seguinte são retomadas as bases históricas e filosóficas do primeiro grande avanço da Ciência no sentido de consolidá-la definitivamente como tal: o movimento Behaviorista. Apresenta-se também os ecos desta primeira corrente na atualidade.

No decorrer do sexto capítulo são apresentados os caminhos evolutivos das diferentes correntes psicológicas que foram florescendo com o tempo, em função das demandas culturais, da filosofia e da evolução tecnológica.

O sétimo capítulo apresenta o surgimento da psicanálise, suas contribuições para a compreensão da psicologia humana, seus principais descendentes e dissidentes.

O último capítulo apresenta a construção da história da Psicologia no Brasil, o desenvolvimento da legislação, apresentada claramente pelo Prof. Dr. Armando Rocha Júnior e faz referência, sucintamente, às principais áreas de atuação do psicólogo no Brasil contemporâneo.

Para esta terceira edição do livro, contei com o apoio do psicólogo Plínio Carpigiani que se responsabilizou por ampliar a biografia dos estudiosos aqui apresentados, por meio de trabalhosa pesquisa. Também convidei o publicitário Fábio Benedetto que, com arte e competência, responsabilizou-se pelas caricaturas de algumas das personalidades aqui apresentadas.

# SUMÁRIO

*Prefácio à terceira edição*     XIII
*Prefácio à primeira edição*     XV

Capítulo 1. Pensamento mítico e pré-socrático: características e funções     1
    O pensamento mítico     1
    O pensamento pré-socrático     14

Capítulo 2. O pensamento psicológico em Sócrates, Platão e Aristóteles     21
    Sobre Sócrates (470 a.C. – 399 a.C.)     21
    Sobre Platão (428 a.C. – 348 a.C.)     26
    Sobre Aristóteles (384 a.C. – 322 a.C.)     30

Capítulo 3. Raízes filosóficas e fisiológicas da Psicologia     37
    Filosofia e Medicina na Antiguidade     38
    Filosofia e Medicina na Idade Média     44
    Filosofia e Medicina no Renascimento     47

Capítulo 4. O marco inicial da Psicologia: Escola Estrutural e Escola Funcional de Psicologia     57
    Escola Estrutural: Wilhelm Wundt (1832-1920) e Edward Bradford Titchener (1867-1927)     58
    Escola Funcional: Destacando William James (1842-1910)     65

Capítulo 5. Behaviorismo: o primeiro grande avanço na história da
Psicologia e seus ecos na atualidade                                71
   Eco na atualidade: a perspectiva comportamental e cognitiva    83
   Eco na atualidade: Neuropsicologia                              88

Capítulo 6. As ramificações da nova ciência                         89
   Gestalt: Max Wertheimer (1880-1943), Wolfgang Köhler
   (1887-1967) e Kurt Koffka (1886-1941)                           89
   Eco na atualidade: a Teoria de Campo – Kurt Lewin (1890-1947)   97
   A Psicologia Humanista: Carl Ramson Rogers (1902-1987) e
   Abraham Maslow (1908-1970)                                      99
   Eco na atualidade: a perspectiva fenomenológico-existencial    103

Capítulo 7. Psicanálise: origem, descendentes e dissidentes        107
   O surgimento da psicanálise: Freud                             109
   Descendentes da Psicanálise                                    117
   Os dissidentes                                                 118

Capítulo 8. O desenvolvimento histórico da Psicologia no Brasil:
evolução da legislação da profissão e principais
campos de atuação                                                  121
   Da regulamentação da profissão até a década de 1980            131
   O "currículo mínimo" de Psicologia                             133
   Os passos finais para a reestruturação curricular da graduação
   em Psicologia                                                  138
   O mercado de trabalho na atualidade                            139
   Representação social atual da Psicologia                       141
   Notícia: Diretrizes Curriculares Nacionais para os Cursos de
   Graduação em Psicologia                                        143

*Bibliografia*                                                     155

PREFÁCIO À TERCEIRA EDIÇÃO

# PLÍNIO CARPIGIANI

Ao longo da graduação, utilizei da presente obra como referência bibliográfica básica e, posteriormente, voltei a consultá-la quando me foram exigidos conhecimentos essenciais para a compreensão das novas disciplinas teóricas apresentadas nos semestres seguintes.

O processo de formação em Psicologia é muito rico, a partir do qual o aluno amplia sua capacidade intelectual e desenvolve, simultaneamente, a capacidade de auto-observação para adquirir sua identidade profissional. Vali-me destes dois aspectos para escrever este prefácio, que trata da importância da obra tanto para seu público-alvo, o aluno iniciante, quanto para os demais estudiosos e estudantes desta área do conhecimento: o universo psíquico humano.

Noto, hoje, que os conteúdos básicos apresentados na graduação, por meio de livros ou exposições em sala de aula, tendem a não ser adequadamente priorizados ao longo do curso. Por vezes a história é esquecida. Academia e alunos voltam-se, especialmente, ao aprendizado das técnicas, às teorias de renome e, principalmente, às demandas de mercado. Deste modo, o axioma da Psicologia se dissolve ao longo da formação com a aquisição de outros conceitos teóricos e práticos, e a contextualização e seus elos históricos tendem a não receber a devida atenção.

Muitas vezes, o aluno apresenta dificuldade em apropriar-se dos aprofundamentos intelectuais necessários, tanto das técnicas quanto das teorias, pois lhe falta saber, ou lembrar, com exatidão, em que conjuntura surgiram as ideias psicológicas. Daí a importância desta obra: conhecer a origem das ideias não só auxilia na compreensão de teorias, como também subsidia a capacidade crítica, que é de extrema importância para o profissional.

Nesta terceira edição de *Psicologia: das raízes aos movimentos contemporâneos*, podemos nos aproximar ainda mais dos conhecimentos fundamentais da Psicologia, pois os aspectos filosóficos e psicológicos são oferecidos com grande precisão e clareza aos leitores desta obra.

Além das atualizações necessárias a qualquer obra, esta nova edição apresenta a biografia dos principais autores da Psicologia, peculiaridades de seus cotidianos e ilustrações que criam um aspecto de leveza para as histórias apresentadas.

Espero que as contribuições apresentadas nesta obra sejam compreendidas e utilizadas de maneira adequada pelos ingressantes do universo psicológico, no que se refere a uma boa fundamentação teórica para o exercício da profissão.

PREFÁCIO À PRIMEIRA EDIÇÃO

# Dr. Alvino Augusto de Sá

A obra *Psicologia: das raízes aos movimentos contemporâneos*, que ora vem a público e que tenho a honra de prefaciar, faz jus a seu título. Busca de fato as raízes primeiras do pensamento psicológico e acompanha sua evolução até os tempos modernos. Permite ao leitor visualizar a fase embrionária do que seja "pensar psicologia" e o surgimento da Psicologia como ciência, nas diversas acepções que se possa ter de ciência, bem como nos diversos vínculos da Psicologia com as demais ciências. Trata-se de boa leitura introdutória, sobretudo aos estudantes de Psicologia que querem ter dessa ciência e dessa profissão uma ampla visão histórica e, por que não dizer, crítica. São expostas, na extensão que a obra permite, as principais escolas do pensamento e suas raízes filosóficas.

Vale ressaltar um aspecto particularmente meritório da obra, que são as sugestões de leitura para os diferentes assuntos tratados, que possibilitam ao leitor aprofundar-se nos diferentes temas, de acordo com seu interesse.

O livro oferece uma visão panorâmica de alguns dos grandes temas tratados na Psicologia e, ao final, traz um bom capítulo, de autoria do Prof. Armando Rocha Jr[1]., que brinda o leitor com uma boa visão de como evoluiu no Brasil o currículo de Psicologia e das grandes preocupações e temáticas de discussão em torno da grave questão da formação do psicólogo.

Sem dúvida, trata-se de obra cuja leitura se recomenda aos que começam a adentrar o mundo instigante da Psicologia como ciência e profissão.

---

[1] Nesta 3ª edição, o texto do professor Armando Rocha Jr. foi incorporado ao último capítulo.

Reflete a experiência e a seriedade da autora no exercício do magistério superior, no trato cotidiano com questões pedagógicas relevantes, bem como as angústias construtivas do "ser que aprende". Percebe-se claramente, pela leitura do texto, a mestre falando aos seus alunos com carinho, e com segurança. Carinho significa dedicação. Segurança significa domínio do assunto. São dois requisitos fundamentais que se esperam de qualquer mestre, e que se encontram espelhados na presente obra de Berenice Carpigiani.

CAPÍTULO 1

# PENSAMENTO MÍTICO E PRÉ-SOCRÁTICO: CARACTERÍSTICAS E FUNÇÕES

> *(...) a busca do conhecimento nas suas mais variadas formas de expressão pode ser definida como o esforço do espírito para compreender a realidade, dando-lhe um sentido, uma significação, mediante o estabelecimento de nexos aptos a satisfazerem as exigências intrínsecas de sua subjetividade.*
>
> ANTONIO JOAQUIM SEVERINO, 1992.

A busca do conhecimento é uma força inerente à constituição humana e é um movimento realizado pelo homem para compreender a realidade que, plástica e dinamicamente, sofre desdobramentos e evolui ao longo dos séculos. Suas raízes originais estão fincadas profundamente na história da humanidade e das civilizações e seu desenvolvimento acontece sobre um trilho misterioso e fascinante.

Assim, entre mistério e fascínio, também a compreensão do desenvolvimento do pensamento do homem deve ser buscada por diferentes formas de memória, muito atrás no tempo, a fim de que seja possível compreendermos como a ciência Psicologia, que busca entender e atuar sobre o mundo psíquico humano, chegou a instituir-se como fonte fidedigna de conhecimento sobre o homem.

## O pensamento mítico

No início do desenvolvimento das civilizações, dentro do primitivismo vivido pelo homem, o pensamento humano voltado para a sobrevivência e para as necessidades biológicas básicas, não conhecia o potencial de lógica e subjetividade, que sempre fez parte de sua inteligência, portanto foi vagarosamente tentando satisfazer sua curiosidade natural sobre a natureza presente no contato com a natureza, à qual se submetia. Esse primitivismo caracteriza as primeiras expressões do pensamento humano, que trazia em si muito mais sensações e sentimentos do que razão.

Convido você a buscar o fio da meada nas pesquisas antropológicas, pois são estas que nos mostram o modo mais antigo utilizado pelos homens na busca de sentido para os fenômenos naturais e para a própria vida: o mito. Quando falamos em mito, não devemos pensar em algo absurdo ou totalmente irracional. Ao contrário: a forma mítica de pensamento, na verdade, representa a expressão de uma primeira tentativa da consciência do homem primitivo em direção ao estabelecimento de alguma ordem no poderoso, incontrolável e confuso mundo por ele habitado.

> (...) o mito assume a forma de uma narrativa imaginária sobre a qual várias culturas procuram explicar a origem do universo, seu funcionamento, a origem dos homens, o fundamento de seus costumes apelando para entidades sobrenaturais, superiores aos homens; as forças e poderes misteriosos que definiram seu destino. (Severino, 1992, p. 68)

O pensamento mítico-poético é encontrado entre os séculos X e VII a.C. e é reconhecido em diferentes civilizações, como a romana, a nórdica etc. Iremos nos deter, especialmente, no mito tal como é vivenciado entre os gregos. Vamos então até Hesíodo, escritor que viveu em algum momento do século VII a.C., e cujos textos estão impregnados de um caráter didático, religioso e moral bastante claro.

Na leitura de Hesíodo você irá encontrar, por exemplo, o mito da criação do mundo, no qual, de forma linda e organizada, deparamos com uma síntese de relatos míticos tradicionais mostrando a possível visão, naquela época, da criação do universo, além da descrição do cenário no qual se desenrolou a era dos deuses olímpicos. Há dois grandes trabalhos desse autor: *Teogonia* – considerada por alguns estudiosos a primeira obra religiosa dos gregos, que permite compreender a genealogia dos deuses, e *Os trabalhos e os dias* – que discute a função do trabalho no cotidiano e sua importância para a sobrevivência dos mortais. Há passagens que merecem ser lidas com carinho nesses poemas, pois são realmente belas.

> Alegrai, filhas de Zeus, dai ardente canto, Gloriai o sagrado ser dos imortais sempre vivos, Os que nasceram da Terra e do Céu constelado, Os da noite trevosa, os que o salgado Mar criou. Dizei como no começo Deuses e Terra nasceram, Os Rios, o Mar infinito impetuoso de ondas, Os Astros brilhantes e o Céu amplo em cima. Os deles nascidos Deuses doadores de bens. Como dividiram a opulência e repartiram as honras e como no começo tiveram o rugoso Olimpo. Dizei-me isto, Musas que tendes o palácio olímpio, Dês o começo e quem dentre eles primeiro nasceu. (Hesíodo, 1993)

> (...) Homem excelente é quem por si mesmo tudo pensa,
> refletindo o que então e até o fim seja melhor;
> e é bom também quem ao bom conselheiro obedece;
> mas quem não pensa por si nem ouve o outro
> é atingido no ânimo; este, pois, é homem inútil.
> Mas tu, lembrando sempre do nosso conselho,
> Trabalha, ó Perses, divina progénie, para que a fome
> Te deteste e te queira a bem coroada e veneranda
> Deméter, enchendo-te de alimentos o celeiro;
> pois a fome é sempre do ocioso companheira (...)

> Os deuses se irritam com quem ocioso vive; na índole se parece aos zangões sem dardo, que o esforço das abelhas, ociosamente destroem, comendo-o; que te seja cara prudentes obras ordenar, para que teus celeiros se encham do sustento sazonal. Por trabalhos os homens são ricos em rebanhos e recursos. E, trabalhando, muito mais caros serão aos imortais, O trabalho, desonra nenhuma, o ócio, desonra é. (Hesíodo, 1996)

Antes de Hesíodo, outro poeta chamado Homero – nascido provavelmente no ano de 907 a.C. – já havia documentado a forma mítica de pensar. Homero é considerado por muitos estudiosos um dos maiores gênios literários da humanidade. A história de sua vida, o local e a data de seu nascimento são cercados de lendas. Conta-se, por exemplo, que era um velho cego que andava pelas cidades declamando seus versos, assim como se discute a veracidade de sua existência. Procure ler sua biografia e comentários sobre sua obra. Atribui-se a ele a autoria de dois grandes poemas – *Ilíada* e *Odisseia* – considerados as obras que iniciaram a história da literatura grega.

Ao ler esses poemas você ficará deslumbrado com a beleza e a riqueza do pensamento homérico. Na *Ilíada*, ocorre o desenrolar da guerra entre gregos e troianos, com a descrição das estratégias de combate e destaque para o poder das paixões, da valentia, da lealdade, das traições e do amor como forças determinantes das relações humanas, forças essas dirigidas e comandadas pelos deuses do Olimpo. Aquiles, Pátroclo, Heitor e a bela Helena são alguns personagens da *Ilíada*.

> É compreensível que os Teucros e os Aquivos (...) por tal mulher tanto tempo suportem tão grandes canseiras! Tem-se realmente, a impressão de a uma deusa imortal estar vendo. (*Ilíada*. Terceiro canto.)

Na *Odisseia*, você acompanha Ulisses nas provações e aventuras que viveu durante os dez anos que levou para retornar à sua casa, desde o momento em que ocorre a tomada de Troia até a hora em que os deuses decidem sobre seu regresso. Nessa trama, é possível reconhecer o cotidiano das famílias e dos costumes sociais.

> Eis a história de um homem que jamais se deixou vencer. Viajou pelos confins do mundo, depois da tomada de Troia, a impávida fortaleza. Conheceu muitas cidades e aprendeu a compreender o espírito dos homens. Enfrentou muitas lutas e dificuldades, no esforço de salvar a própria vida e levar de volta os companheiros aos seus lares (...) ao começar a

história todos os que não foram mortos na guerra estavam em casa (...) ele, porém, achava-se sozinho, ansioso para voltar à pátria, para junto da esposa. Era prisioneiro de uma feiticeira, linda criatura, Calipso, que queria retê-lo em sua gruta e torná-lo seu marido. (*Odisseia*)

Gostaria de reforçar que nos dois poemas você poderá perceber, de maneira muito clara, a presença constante da interferência de forças poderosas e divinas no comando da vida cotidiana do homem. Os deuses, no pensamento mítico, são seres que, em sua característica imortal, exercem eterna soberania sobre o destino dos mortais.

Sabe-se, por intermédio de Hesíodo, que nessa comunidade divina havia uma hierarquia, ou seja, é possível saber como os deuses eram gerados e quem era filho de quem, e sabe-se, por meio de Homero, que os deuses têm formas e sentimentos semelhantes aos dos mortais.

Pense nisto: é como se o homem, ainda imaturo em seu processo de desenvolvimento e, portanto, ainda sem recursos para reconhecer suas próprias condições internas, projetasse seus sentimentos de forma a depositar no mundo fora dele vida, sabedoria, sentimentos e poder.

O que ocorre é que a forma de pensar encontrada no pensamento mítico, tão claramente descrita por esses autores, representa a tentativa de organização e compreensão da desconhecida e assustadora força da natureza e também da posição do próprio homem nesse universo, por meio do poder de divindades.

Para Homero, a intervenção maléfica ou benéfica dos deuses sempre está dominando a essência do comportamento dos heróis, pois são os deuses quem comandam suas ações. O mito corresponde à satisfação do desejo humano de encontrar o sentido e a sistematicidade dos fenômenos que o envolvem.

Não podemos esquecer, por outro lado, que para ser reconhecido como tal, é necessária a aceitação social do mito.

O mito, enquanto tal, pode ser compreendido como verdade, já que sua visão de realidade, mesmo que particularizada, não deve ser contestada.

Caso seja, o mito perde sua função na sociedade. O mito vive da crença depositada nele pela sociedade que o gera ou o adota (...) (Minozzi, 1999, p. 44)

A profundidade da tentativa de compreender e de se posicionar no mundo, tanto individual quanto socialmente, faz que o estudioso da Psicologia moderna, seja qual for sua área de interesse, depare por vezes, em sua pesquisa, com expressões de pensamentos míticos subjacentes à lógica individual e grupal.

> (...) a Humanidade, onde quer que apareça, se manifesta, inicialmente, por uma atitude animista. Parece que as primeiras sociedades humanas atribuíam seus êxitos e malogros a misteriosas potências, onipresentes, capazes de modificar o curso das coisas. Tal concepção provocava o desejo de conciliar ou domesticar essas forças por meio de práticas religiosas ou mágicas, as quais se encontram, assim, na origem da vida mental. Os estudos modernos, tanto sobre a mentalidade infantil quanto sobre a mentalidade primitiva, têm esclarecido de maneira satisfatória esse estado de espírito que consiste em projetar no exterior desejos e temores, em conferir poderes ocultos aos seres e coisas do mundo ambiente. Todos nós, adultos ocidentais, na primeira infância, acreditamos nos contos de fadas, e daquele mundo poético e miraculoso de então resta-nos, muitas vezes, uma vaga nostalgia... A Psicologia própria a essa mentalidade animista apresenta formas variadas e longe está de ser tão simples quanto poderíamos crer à primeira vista. (...) No mundo homérico, a psique não explica o mistério do Homem como ser dotado concretamente de sentimentos, de desejos, de vontade, de pensamento. (Müeller, 1978, p. 3).

A Psicologia se constitui num conjunto de conhecimentos sobre o mundo psíquico humano. Algumas vezes você irá encontrá-la no âmbito das Ciências Biológicas, outras vezes no das Ciências Humanas. Isso porque Filosofia e Medicina foram pontos de partida e inspiração para seu nascimento. Atualmente a tendência é considerá-la na área da Saúde, por estas razões vamos caminhar, ainda dentro da mitologia, investigando o sentido de Saúde nesse período:

> Apolo era considerado como o deus da saúde, e seu filho Asclépio era o deus dos médicos e da medicina. (Schwab, 1995, p. 320)

Asclépio, ou Esculápio, foi coroado como o deus da Medicina, pois seu pai Apolo, um pouco antes da morte de Corônis (a quem havia fecundado), recuperou de seu ventre o filho ainda não nascido e o entregou para ser educado por Chiron, o centauro, que era versado na arte de curar e habitava uma região famosa pela enorme quantidade de ervas medicinais onde Esculápio se familiarizou com as plantas, seus poderes e também com a serpente que, de acordo com Groesbeck passou a ser associada a Esculápio devido a "seu olhar penetrante e à sua capacidade de regenerar-se a si próprio".

Voltemos a Chiron, instrutor de Esculápio:

> Tudo em Chiron o faz parecer a mais contraditória figura de toda a mitologia grega. Apesar de ser um deus grego, sofre de uma ferida incurável. Além disso, sua figura combina o aspecto animal com o apolíneo, pois apesar de seu corpo de cavalo – configuração pela qual são conhecidos os centauros, criaturas da natureza, fecundos e destrutivos – é ele quem instrui os heróis nas artes da medicina e da música. (Groesbeck, 1983, p. 74)

Os santuários de Esculápio desempenharam papel cotidiano central na vida dos gregos. Lá se submetiam às cerimônias próprias para o tratamento que:

> Era constituído de banhos e jejuns... Quando os pacientes estavam purificados... Eram conduzidos à câmara interna. Envoltos em peles de carneiro, os pacientes deitavam-se, exaustos pelo jejum e sonolentos pelo uso de drogas... Assim que adormeciam, os sacerdotes passavam entre os leitos com as serpentes sagradas, que lambiam os ferimentos. Ao acordar, cada

um dos doentes deveria relatar o que havia sonhado. Um sacerdote explicava o significado do sonho e receitava o tratamento apropriado... Antes de deixar o santuário, os doentes faziam uma oferenda em dinheiro e deixavam seu nome, doença e tratamento registrados em uma placa votiva. (Margotta, 1998, p. 23)

Durante o período mítico na Grécia, atentando para a descrição tanto de Homero quanto de Hesíodo, século VIII a.C., encontra-se material suficiente que permite conhecer o papel do médico, da doença e também os conceitos de saúde e de morte. Em Homero, por exemplo, encontra-se a crença do duplo, comum nas culturas primitivas:

> A essa concepção de dupla existência do homem – como corporeidade perceptível e como imagem a se manifestar nos sonhos – está ligada a interpretação homérica da morte e da alma (*psyché*). A morte não representaria um nada para o homem: a *psyché* ou duplo desprender-se-ia pela boca ou ferida do agonizante, descendo às sombras subterrâneas de Érebo. Desligada definitivamente do corpo (que se decompõe), a *psyché* passa então a integrar o sombrio cortejo de seres que povoam o reino de Hades. Permanece como uma imagem, semelhante na aparência ao corpo em que esteve abrigada; mas carece de consciência própria, pois nem sequer conserva as faculdades espirituais (inteligência, sensibilidade etc.). Impotentes, as sombras vagantes do Hades não interferem na vida dos homens; assim não há porque lhe render culto ou buscar seus favores. (Souza, 1995, p. XI)

Uma explicação mítica para o surgimento da doença pode ser encontrada no mito de Prometeu:

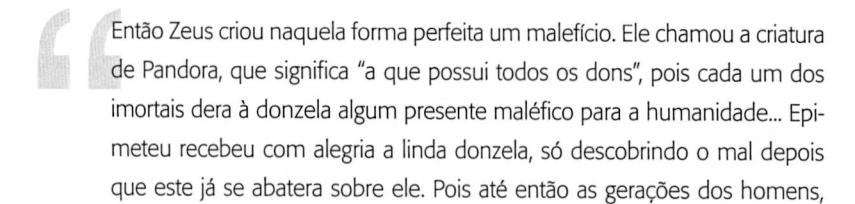

> Então Zeus criou naquela forma perfeita um malefício. Ele chamou a criatura de Pandora, que significa "a que possui todos os dons", pois cada um dos imortais dera à donzela algum presente maléfico para a humanidade... Epimeteu recebeu com alegria a linda donzela, só descobrindo o mal depois que este já se abatera sobre ele. Pois até então as gerações dos homens,

aconselhadas por seu irmão, viviam livres de males, sem dolorosos trabalhos, sem doenças torturantes. (...) A donzela levava nas mãos o seu presente, um vaso grande, fechado. Diante de Epimeteu, tirou a tampa do vaso e ergueu-se o mal, como uma nuvem negra, espalhando-se pela terra com a rapidez de um raio. Um único dom benéfico estava escondido no fundo do vaso: a esperança... O sofrimento... Tomando todas as formas, encheu a terra, o ar e o mar. As doenças se espalhavam dia e noite entre os homens, terríveis e silenciosas, pois Zeus não lhes concedera voz. A febre grassava na terra, a morte apressava o passo, esvoaçante. (Schwab, 1995, p. 20)

E assim surgiu, com Prometeu, a figura do médico:

(...) aproximou-se de suas criaturas... Ensinou a humanidade a enfrentar todas as circunstâncias da vida. Antes não se conheciam medicamentos contra as doenças, nem pomadas para aliviar as dores, nem alimentos nutritivos. Por isso Prometeu ensinou os homens a preparar remédios suaves para curar as doenças. (Schwab, 1995, p. 17-18)

Vários mitos revelaram a trilogia médico-saúde-doença de forma contundente. Outro exemplo é encontrado em *Ilíada*: a guerra de Troia, quando Homero descreve uma cena em que ocorre um acidente com um importante arqueiro chamado Filoctetes, soldado de confiança de Hércules. Uma cobra picou seu pé e o ferimento provocado pela mordida inchou e ficou enegrecido e o herói gemia de dor. A decisão tomada foi a de carregar Filoctetes até uma praia deserta e entregá-lo aos deuses, com comida suficiente, seu arco e flechas caso precisasse deles quando se restabelecesse através da "ajuda dos deuses".

Nessa estrutura, feiticeiros, xamãs, sacerdotes, cada qual a seu tempo e em sua cultura, se debruçaram sobre o conceito de cuidar e de curar, por meio de rituais míticos ou religiosos com características mágicas. Aos feiticeiros cabia a função e a esperança da cura e do aplacamento da dor e, pelo conhecimento sobre os fenômenos da natureza (sol, estrelas, tipos de plantas etc.), estavam revestidos do poder de acalmar a ira dos deuses derramada sobre o mortal por meio da doença.

Estes feiticeiros ousavam, entre muitas práticas, exercitar procedimentos de cirurgia, como a trepanação (espécie de técnica cirúrgica primitiva de perfuração do cérebro) e atuavam no exercício da farmacologia (manipulando ingredientes como plantas, sementes etc.).

Vamos caminhar por outras civilizações além da grega. Segundo Collemann (1964), tanto na Grécia e na China quanto no Egito antigos, essas técnicas foram passando às mãos dos sacerdotes considerados pelos estudiosos uma mistura de padres, médicos e mágicos, sempre na tentativa de defender o doente da ação maléfica dos deuses; por isso, na maioria das vezes, os atendimentos eram feitos de forma ritualizada em templos e santuários.

A visão da prática da Medicina durante o período mítico pode ser encontrada em fragmentos de documentos, sendo os mais antigos provenientes da região da Mesopotâmia, baseados essencialmente na astrologia e relacionando movimento dos astros e estações do ano às doenças.

Em torno de 2000 a.C., entre os assírios e os babilônios, tanto sacerdotes quanto cirurgiões, descritos como homens comuns e do povo, cuidavam dos doentes. Esse tipo de atendimento às pessoas enfermas foi instituído legalmente no Código de Hamurábi e colocou o médico no enquadramento da justiça, esclarecendo sobre seus deveres e direitos como na situação a seguir: caso um paciente que pertencesse à realeza não conseguisse sobreviver ao tratamento ou à ação cirúrgica, o profissional deveria ter sua mão amputada ou, no caso de morrer um escravo, o médico deveria devolver ao proprietário outro escravo. O código também previa os honorários do médico, de acordo com a possibilidade do paciente e do processo de recuperação deste.

Os registros mostram que o detalhamento dos sintomas era minucioso, como se pode constatar por esta descrição de um quadro de tuberculose citado por Margotta:

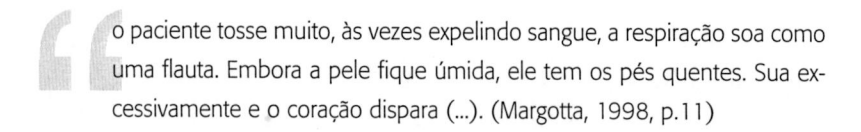

> o paciente tosse muito, às vezes expelindo sangue, a respiração soa como uma flauta. Embora a pele fique úmida, ele tem os pés quentes. Sua excessivamente e o coração dispara (...). (Margotta, 1998, p.11)

Estes médicos prescreviam remédios em forma de comprimidos, supositórios e pós, que sempre carregavam consigo no caso de serem chamados para atender um doente. Fazia parte de sua rotina, após o atendimento, registrar os resultados de suas observações e prescrições em placas de argila, o que garantia o acompanhamento do caso.

Conforme descreve Ismael, os registros de práticas médicas, cirúrgicas, tratamentos de doenças, diagnósticos e prognósticos, deixados pelos médicos do século VII a.C., ajudaram os estudiosos atuais a perceberem a dinâmica da relação com a doença.

> Qualquer pessoa se considerava médico, oferecendo conselhos, rituais e receitas de ervas... aplicação de emplastos de ervas, raízes e gordura animal revestidos de um tecido especial, técnicas relatadas, provavelmente no mais antigo registro médico descoberto (2100 a.C.). (Ismael, 2002, p. 15)

O importante historiador Heródoto, no século V a.C., relatou como os doentes eram tratados entre os babilônios:

> Depois do costume concernente ao casamento, o mais sábio é o que diz respeito aos doentes. Como não há médicos no país, os doentes são transportados para a praça pública, e os transeuntes deles se acercam. Os que já tiveram a mesma doença ou conheceram alguém que a tivesse acodem o enfermo com os seus conselhos, exortando-o a fazer o que eles próprios fizeram ou viram outros fazer para curar-se. (Azevedo, s.d., p. 83)

No Egito a prática da Medicina ficou conhecida por causa das explicações encontradas nos papiros, pois aí puderam ser verificados tanto registros das formas de tratamento de feridas, fraturas etc., quanto de diagnósticos e também práticas de registro de prognósticos. De acordo com Margotta (1998, p. 13), caso o médico esperasse um bom prognóstico, escrevia: "Curarei esta doença". Se estivesse em dúvida, registrava: "Aqui nada pode ser feito". Se não houvesse esperança: "O paciente vai morrer". Ainda segundo o relato de Heródoto:

> A medicina está de tal maneira organizada no Egito que um médico não cuida senão de uma especialidade. Há médicos por toda parte. Uns, para a vista; outros para a cabeça; estes, para os dentes; aqueles, para os males do ventre; outros, enfim, para as doenças internas. (Azevedo, s.d., p. 109)

A Medicina, praticada entre os povos judeu e persa, possuía características comuns, pois ambas apresentavam refinadas práticas cirúrgicas e estavam fundamentadas nos livros sagrados. Em seu aspecto mítico, entre os judeus a doença era vista como maldição sobre o corpo. No caso da desobediência a Deus, assim fala Moisés ao povo judeu:

> O Senhor te ferirá com a tísica, e a febre e a inflamação e com o calor ardente, e a secura e com o crestamento, e a ferrugem; e isto te perseguirá até que pereças. (Bíblia Sagrada, Livro de Deuteronômio, Cap. 28, versículo 22)

Também a cura era considerada benção divina e estava associada a uma ação ritualizada, como no caso da lepra que acometeu um comandante do exército do rei da Síria:

> Então desceu e mergulhou no Jordão sete vezes, consoante a palavra do homem de Deus, e a sua carne se tornou como a carne de uma criança e ficou limpo... eis que agora, reconheço que em toda terra não há Deus, senão em Israel. (Bíblia Sagrada, Livro de João, Cap. 6, versículo 8)

Na Índia, as práticas médicas estavam apoiadas em oito volumes escritos ao longo do século IX a.C. Esses textos, escritos em forma de diálogo entre mestre e aprendiz, ensinam técnicas diagnósticas, tratamentos, cirurgias, dietas, mas apresentam pouco material sobre anatomia, fato que pode ser entendido já que o uso da faca em cadáveres era proibido pelas regras religiosas dessa cultura.

A China debruçou-se muito precoce e profundamente sobre o ato de curar, desenvolvendo minuciosa compreensão sobre a estrutura do corpo humano assim como estudos sobre ervas e acupuntura.

Tais são as características principais encontradas no pensamento mítico. A projeção, nos deuses imortais, dos desejos e das tentativas de organização do caos de informações que rodeava o homem, nesse momento em que ele ainda não tinha amadurecimento para utilizar estrutura lógica a fim de compreender os inquietantes e magníficos fenômenos da natureza e de si mesmo. A dose de realidade interpretada no mito está na medida em que ele fala da dor, dos sentimentos, da vida, da morte e da doença numa instância animista e na tentativa de expansão da consciência humana.

A intervenção dos deuses sempre está na essência da busca de sistematização ritualizada dessas realidades e, nessa configuração mítica, encontram-se o homem e seus males submissos às forças divinizadas. As funções de médico e sacerdote são praticamente inseparáveis e o objetivo da prática médica é a cura do doente, muito embora a vida da pessoa, assim como todos os fenômenos, seja aceita como forma determinada pelo destino.

A ritualização das práticas de cura caracteriza a estrutura mítica presente no exercício da Medicina nesse período e essa ritualização permanece ao longo do tempo com as evoluções que se sucedem. A figura do médico toma novas dimensões no período pré-socrático entre os séculos VII e VI a.C. Retórica e observação da natureza subsidiam o surgimento do pensamento racional, que fizeram deste um período extremamente vigoroso do ponto de vista do desenvolvimento intelectual. Encontra-se aí o ponto de partida e o embrião de todo o desenvolvimento das ciências humanas e naturais, tanto por parte dos filósofos fisiólogos quanto dos sofistas que, apoiados na observação e na experiência direta dos fenômenos, desenvolveram as bases do pensamento lógico.

Leia estas definições de mito:

*O mito tem a função de oferecer um modelo lógico para resolver as contradições da vida cotidiana* – Lévi-Strauss.
*O mito serve para dominar o real* – Sigmund Freud.

## O pensamento pré-socrático

Entre os séculos VII e VI a.C., a humanidade viveu uma grande transformação na forma de expressar seu pensamento. A Grécia, em função das novas necessidades sociais, foi forçada a desenvolver técnicas voltadas para o processo "ensinar-aprender", desconectando-se lentamente do apoio oferecido pelo pensamento mítico, começando a sustentar-se na realidade percebida do cotidiano. O pensamento do homem começou a ser teorizante.

Veja que explicação interessante para esse movimento encontramos na "Introdução" do volume *Pré-socráticos* da Coleção Os Pensadores:

> Durante o século VI a.C., as novas condições de vida das colônias gregas da Ásia Menor acentuam-se devido à revolução econômica representada pela adoção do regime monetário. A moeda, facilitando as trocas, vem fortalecer econômica e socialmente aqueles que vivem do comércio, da navegação e do artesanato, marcando definitivamente a decadência da organização social baseada na aristocracia de sangue. A partir de então e sobretudo no decorrer do século VII a.C., a expansão das técnicas — já desvinculadas da primitiva concepção que lhe atribuía origem divina — passa a oferecer ao Homem imagens explicativas dotadas de alta dose de racionalidade, conduzindo à progressiva rejeição e à substituição da visão mítica da realidade. (Col. Os Pensadores, v. *Pré-socráticos*, p. 15)

Na verdade podemos dizer, com relativa tranquilidade, que o pensamento filosófico e mesmo o pensamento científico tomaram impulso no momento em que se iniciou o esmaecimento do pensamento mítico, dando lugar às explicações dos movimentos naturais a partir da observação.

> A cultura grega valorizava suas tradições. Existem poucos indícios de crítica ao mito em Homero ou Hesíodo. (...) A crítica começa apenas a partir de dois desenvolvimentos intelectuais do período de 550-450 a.C. O primeiro, e mais antigo, foi a emergência do pensamento filosófico e científico em uma série de individualistas hoje rotulados genericamente como pré--socráticos (...). O segundo desenvolvimento foi o início da escrita

geográfica, etnográfica e histórica, decorrentes de um aumento das viagens e de uma melhor observação. (Dowden, 1994, p. 59)

No pensamento pré-socrático destacam-se duas formas de compreensão do mundo. Um grupo preocupava-se, prioritariamente, com a natureza e por meio da observação tentava encontrar o elemento básico (*physis*) originador e princípio ordenador da vida e da totalidade do universo.

Entre os fisiólogos destacaremos alguns nomes com o objetivo apenas de ressaltar como os pré-socráticos foram fundamentais no desenvolvimento da racionalidade humana. Esse grupo se inicia com um pensador da cidade de Mileto, chamado Thales, que, segundo a tradição do pensamento grego, foi considerado, além de matemático e também político, o primeiro pensador grego. Pela observação, Thales introduziu um pensamento que envolve a ideia de sequência e de modificação e passou a apontar a origem dos fenômenos do cotidiano, recorrendo ao que existe e ao que é conhecido. Segundo ele, nada existe autonomamente, ou seja, se algo existe é porque emergiu de alguma outra essência e, para ele, o elemento originador era a água. Suas afirmações foram sendo formuladas pela observação. Leia esta afirmação atribuída a Thales e também extraída da Coleção Os Pensadores:

> O quente vive com o úmido, as coisas mortas ressecam-se, as sementes de todas as coisas são úmidas e todo alimento é suculento. Donde é cada coisa, disto se alimenta naturalmente: água é o princípio da natureza úmida e é continente de todas as coisas; por isso supuseram que a água é princípio de tudo e afirmaram que a terra está deitada sobre ela. (v. *Pré-socráticos*, p. 7)

Outro nome importante, no grupo dos fisiólogos, é o de Heráclito, pensador minucioso e de difícil compreensão, discípulo de Pitágoras, da cidade de Éfeso. Para ele, a primeira essência é o fogo, símbolo da inquietude, da não permanência, do processo e do movimento, tendo inserido em sua discussão a questão da transformação. Podemos citar Anaxímenes, para quem o elemento originador é o ar, e também Empédocles, que aponta para a combinação de quatro elementos: água, terra, fogo e ar – que infinitamente rearranjados estão na base da natureza. Há ainda Demócrito, que dois mil anos antes dos cientistas já falava em átomos, e Pitágoras, que entendia o número como essência originadora.

Cada um desses pensadores exercitava o pensamento numa compreensão apoiada em embriões de lógica e aportados na observação e na experiência direta com os fenômenos, podendo ser considerados os precursores da ciência, inclusive da ciência psicológica.

O segundo grupo de pensadores pré-socráticos, denominado sofista, pensava o homem em sociedade, enfocava a importância do sujeito e o designava, inicialmente:

> (...) os detentores de uma *sophia*, isto é, de uma competência, de uma arte, de uma cultura, ou mesmo de uma sabedoria; (...) mais tarde esta palavra veio conotar a habilidade, a astúcia, quando não a esperteza do homem que faz da palavra seu ganha-pão (...) são intelectuais de ofício, cujos serviços – turnês de conferências, aulas particulares – têm seu preço (...); numa civilização de cidades onde as responsabilidades, o prestígio, a riqueza, dependiam da arte de falar. (Jerphagnon, 1992, p. 18)

Os sofistas:

> (...) irão proceder a passagem para a reflexão propriamente antropológica, centrando suas atenções na questão moral e política.
> Elaboram teoricamente e legitimam o ideal democrático da nova classe social em ascensão, a dos comerciantes enriquecidos (...); o instrumento desse processo será a retórica, ou seja, a arte de bem falar, de utilizar a linguagem em um discurso persuasivo (...); com o brilhantismo da participação no debate público, deslumbram os jovens do seu tempo. Desenvolvem o espírito crítico e a facilidade de expressão. (Aranha e Martins, 1995, p. 192)

Nesse grupo são destacados, com frequência, dois nomes: Protágoras de Abdera (485-411 a.C.) e Górgias de Leontinos (485-380 a.C.).

Protágoras desenvolveu um pensamento que ligava o conhecimento ao sujeito conhecedor, entendendo este como instantâneo, passageiro, relativo e puramente individual, ou seja: *o Homem é a medida de todas as coisas, das que são o que são e das que não são o que não são*. As impressões eram consideradas subjetivas, tornando-se compreensível que duas observações realizadas por dois observadores, mesmo que discordantes, fossem ambas verdadeiras. Seria possível também que um mesmo observador ao observar duas vezes o mesmo objeto pudesse vir a percebê-lo de formas diferentes porque ele próprio já havia pessoalmente mudado entre as duas observações. Para Protágoras não há possibilidade de formulação de uma visão absoluta da realidade.

Górgias, igualmente importante no sentido da aquisição da subjetividade, em certa medida inverte o pensamento sobre a obtenção do conhecimento até então discutido. No tratado chamado "Do não ser", argumenta que o conhecimento e a verdade são impossíveis de ser alcançados, pois nada existe, e, ainda que existisse, não poderia ser conhecido, e, mesmo que pudesse, não poderia ser transmitido a outra pessoa, já que o sujeito que conhece e transmite não está nas mesmas condições de quem o ouve, e cada um deles está embasado em sua experiência particular. O ouvinte pode, quando muito, inferir o conhecimento do outro. Nota-se, nesse momento, que a linguagem já começa a ser entendida como símbolo arbitrário. Fazer-se entender, comunicar com clareza, convencer, exercitar o pensamento lógico e sua expressão pela linguagem foram, ao lado da observação, da relação entre os fenômenos da natureza, características do período pré-socrático.

Os sofistas, assim como os fisiólogos, ao exercitarem a observação e a razão com o objetivo de compreender a transformação e dar sentido atualizado às relações do homem com a realidade, criam uma linguagem que, lentamente, irá se opor à dos mitos, apontando bases referenciais e elaborando princípios, quer no plano do social, quer no do natural.

Em termos da saúde, esse período pode ser considerado pré-científico, pois os fisiologistas, especialmente, se dedicaram, de maneira muito séria, a entender e estudar, dentro das técnicas possíveis, a estrutura do corpo humano.

> Os homens em suas preces pedem saúde aos deuses e não sabem que possuem em si mesmos o poder sobre ela. Pela intemperança, fazem o que é adverso e, pelas paixões, são traidores da saúde. (Demócrito de Abdera, 460-370 a.C. *apud* Reale, 1992, p. 153)

Em geral, os pré-socráticos não diferenciavam corpo e alma e realizavam o exercício da cura segundo essa concepção. No decorrer desse período, Alcméon de Crotona, que estudou na escola de Pitágoras, é um exemplo a ser destacado. Segundo Margotta (1998, p. 24), Alcméon elevou a Medicina à categoria de ciência, por isso é considerado, por alguns historiadores, médico. Praticou a dissecação de cadáveres de animais, descreveu as espécies de vasos do corpo (veias e artérias), órgãos sensoriais (olhos e ouvidos), vislumbrou a existência dos nervos, intuiu a importância do papel do cérebro e tentou compreender o sono. Em seus estudos observa-se o início da experimentação. A compreensão de saúde:

> Deve-se ao equilíbrio das potências (isonomia) e às justas proporções das qualidades (crase): úmido, seco, frio, quente, doce e salgado. Quando algumas dessas qualidades predominam injustamente, instala-se o estado anormal que acarreta a doença. (Müeller, 1978, p. 15)

De maneira geral, o conceito de saúde, nesse período, aponta para a ideia de uma compreensão integral da natureza humana. Embora não haja distinção entre corpo e alma, vários pré-socráticos, como Anaximandro, Anaxímenes, Thales e Demócrito, desenvolveram a ideia de que é a alma que move o corpo, seja por ser considerada pneuma (espírito), seja por ser formada por átomos móveis.

O período pré-socrático simbolizou a conquista do pensamento racional, e, muito embora o mito ainda se manifestasse de forma intensa, os diferentes pensadores de distintas regiões ousaram formular perguntas e estabelecer conexões entre os fenômenos naturais. Essa conquista incitou a curiosidade humana a pensar sua própria existência, o que culminou no aguçamento da observação e da prática empírica tanto sobre os fenômenos da natureza (por exemplo, o mapeamento das estrelas no céu) quanto da própria estrutura do corpo humano, na tentativa de entender a vida e a morte. A preocupação do médico em relação a seu paciente continuou sendo a cura, mas, diferentemente do período mítico, essa preocupação se manifestou por meio da busca de uma compreensão mais clara e organizada dos sintomas e, especialmente, das relações entre eles.

Tente ler sobre os pensadores pré-socráticos. Não é uma leitura fácil, mas nela você irá perceber como o homem foi adquirindo princípios de lógica e de ordem na interpretação do universo. Leia também Homero e Hesíodo, pois é interessante pensar quanto o primitivo ainda é, essencialmente, atual na nossa mente tão moderna.

CAPÍTULO 2

# O PENSAMENTO PSICOLÓGICO EM SÓCRATES, PLATÃO E ARISTÓTELES

*Tudo que de fato contraria a ordem da natureza é doloroso, mas o que sucede segundo a ordem natural é doce. A morte, assim, se ocorre em consequência de doenças ou pelo efeito de ferimentos é dolorosa e violenta: mas quando vem com a velhice e leva a um fim natural, é a menos penosa das mortes e antes se acompanha de alegria do que de desgosto.*

PLATÃO, TIMEU (MÜELLER. 1978, P. 38)

A partir do pensamento pré-socrático, as perguntas que o Homem continua a formular irão, vagarosamente, se dirigir na direção do sujeito pensante, buscando pontos de apoio na razão, na percepção e na observação e separando-o do mundo material.

O século V a.C. deixou sua marca definitiva na evolução do pensamento da humanidade, pois nesse século ocorreram importantes reformulações nas ações políticas em Atenas. As artes foram fortemente incentivadas por meio da escultura, da literatura e do teatro e, nas relações sociais, ecoavam todos esses processos de transformação. Articulando todo esse movimento, esse século presenciou o nascimento da Filosofia, momento inexoravelmente ligado à personalidade de Sócrates.

## Sobre Sócrates (470 a.C. – 399 a.C.)

O surgimento da Filosofia clássica, no século V a.C, foi marcado pela inserção do método socrático. Esse foi o primeiro encontro do Homem-Razão com a subjetividade, aqui entendida de acordo com Severino (1992, p. 39) como a: "condição daquilo que se refere à consciência enquanto polo que recebe as informações sobre os objetos nas relações que constituem as experiências do homem frente aos vários aspectos da realidade".

Os pré-socráticos já tinham deixado para a humanidade um valioso alicerce, com base no qual a natureza do corpo, da alma, da ética e da moral foi implantada e, com Sócrates, a consciência do significado dos fenômenos instalou-se, definitivamente, no mundo mental humano.

Vamos tomar como exemplo a definição de alma, discutida por Sócrates, uma vez que a formulação desse conceito determinou a posição ocidental da alma como sede da consciência e do caráter. Para Sócrates, de acordo com Pessanha (1983, p. 21), "alma é virtude e conhecimento... conhecimento de si mesmo, é a autoconsciência despertada e mantida em permanente vigília".

O corpo, cultuado na Grécia socrática, deveria ser belo e o conceito de belo estava inserido na alma como verdade. Quanto mais próximo da verdade contida na alma, quanto mais perto do conhecimento de si mesmo, mais longe da ignorância, da maldade e da doença o homem estaria.

A história desse homem, que viveu praticamente toda sua vida na cidade de Atenas, o apresenta como uma pessoa de caráter intrigante e dono de uma personalidade forte. Seu pai, escultor, chamava-se Sofronísio e sua mãe era parteira (não se esqueça dessa informação) e chamava-se Fenareta. Aparentemente recebeu a instrução formal característica de seu tempo. Casou-se com Xantipa, teve filhos e ficou conhecido após os 45 anos. Se tiver oportunidade, assista ao filme *Sócrates*, dirigido por Roberto Rossellini.

Como soldado, conta-se que demonstrou coragem durante as batalhas das quais participou; esse dado é citado por alguns autores pelo fato de ter salvado vidas de pessoas importantes, como Alcebíades (mais tarde um político relevante) e Xenofonte (mais tarde seu biógrafo).

Como pensador, aprendeu com os sofistas Anaxágoras e Protágoras, e, como cidadão ateniense, foi radicalmente fiel à consciência social, religiosa e política de sua sociedade e cultura, mas também foi muito independente e ousado intelectualmente. Segundo alguns estudiosos, mesmo que suas respostas não tenham sido totalmente satisfatórias, seu método foi a alavanca para a evolução do pensamento filosófico.

Naquele tempo, muitas questões, como a democracia ateniense e a moral eram discutidas pelos jovens de Atenas. Também despontavam os embriões de uma revisão sobre a fé nos deuses do Olimpo e, portanto, as bases da moralidade, da ética e das relações humanas, sustentadas até então no respeito às divindades, que começavam a ser repensadas, gerando certo nível de insegurança social, individual e política.

A juventude preocupava-se com esses ares transformadores e perguntava a Sócrates, entre outras coisas, sobre os novos fundamentos para a moral individual e para o governo social e, ao pensar, com os jovens, Sócrates ia facilitando o desenvolvimento da subjetividade e da crítica, separando o sistema moral da religiosidade e enfatizando a conduta moral ancorada na consciência responsável. Ele entendia que se fosse possível ensinar ao Homem perceber de forma clara e inteligente a causa e o resultado de seus atos, talvez isso bastasse para que fizesse escolhas éticas e trilhasse um caminho bom.

Embora despreocupado com o registro de suas ideias e com o acúmulo de bens materiais, desenvolveu um método de conhecimento cujo ponto de partida estava localizado na consciência da ignorância.

Uma frase de Sócrates que, com certeza, você já conhece é: *só sei que nada sei*. É exatamente essa consciência o início para a prática de seu método que se divide em duas partes: a primeira, denominada ironia (em grego significa pergunta), consiste na formulação de uma sequência de perguntas bem articuladas que são formuladas no decorrer do diálogo sobre um tema proposto, que leva a um processo de desmontagem do pensamento, até o ponto de contato com o "não saber", instante que se inicia a segunda parte do método, denominada maiêutica (em grego significa parto) que consiste no trabalho de dar à luz ideias consistentes.

Vejamos melhor o movimento do método socrático: ao afirmar que nada sabe, Sócrates permite que o interlocutor reveja suas ideias e, com muita habilidade, coloca em questão opiniões e certezas. Nesse momento angustiante, acontece o parto das ideias, em que Sócrates, segundo ele, assume o papel de parteiro – como sua mãe. Sócrates, portanto:

> (...) destrói o saber constituído para reconstrui-lo na procura da definição do Conceito. Esse processo aparece bem ilustrado nos diálogos relatados por Platão, e é bom lembrar que, no final, nem sempre Sócrates tem a resposta: ele também se põe em busca do Conceito e às vezes as discussões não chegam a conclusões definitivas (...). Sócrates utiliza o termo *logos* (palavra, conversa), que no sentido filosófico significa razão que se dá a algo – ou mais propriamente – Conceito. (Aranha e Martins, 1995, p. 95)

A busca de conceitos como coragem, moral, justiça, piedade etc., é o trilho do pensamento socrático e força o Homem a refletir sobre suas atitudes e condutas. É importante lembrar que na pesquisa socrática encontramos implícita uma universalidade de direitos, ou seja, seu método poderia ser aplicado tanto a pessoas importantes na escala social quanto a escravos, o que colocava em xeque os critérios caracteristicamente hierárquicos que permeavam a democracia ateniense. Qualquer indivíduo poderia submeter-se ao exercício do pensamento e, portanto, do autoconhecimento.

Com essas ideias sendo semeadas, Sócrates gerou desconforto em parte da liderança política ateniense, ganhando inimigos. A curiosidade e a influência que exercia sobre a juventude e sua tendência a uma nova visão religiosa não foram aceitas em Atenas e, por isso, ele foi julgado e condenado por 280 x 220 votos. Ele mesmo examinou seu processo e preparou sua defesa, aceitando a pena imposta pelos jurados.

Sua defesa é interessantíssima e indico sua leitura, pois nela encontra-se, com clareza, o modo com que estruturava e organizava seu pensamento. Durante o mês em que esperou pela execução da sentença – envenamento por cicuta –, recusou vários planos de fuga e falou a seus discípulos sobre temas como a imortalidade da alma.

A alma, para Sócrates, é o ponto de partida da vida e na base de sua constituição estão caráter, moral e razão. Por meio da aplicação de seu método, esses valores ficam evidenciados e sedimentados, tornando-a soberana ao corpo que anima. Para além do sujeito psicológico, com suas potencialidades de percepção e memória, é pela possibilidade de submeter-se ao método que o Homem tem a chance de se aproximar verdadeiramente de si mesmo.

No processo de descoberta desses valores contidos na alma, mediante a razão é possível a aquisição da firmeza moral e da aproximação com o bem.

A força do pensamento socrático está na racionalização presente no modelo de aplicação de seu método, racionalização essa que leva a pessoa a se despir de pseudoverdades que, porventura, estejam na base de sua forma de pensar e as quais vão gerando equívocos e falsas ideias sobre si e sobre a sociedade. No processo ironia-maiêutica que compõe o método, o Homem aproxima-se de seu conhecimento real.

Além de propiciar o impulso em direção ao conhecimento sobre si mesmo, a "psicologia socrática" está ligada à introspecção e à ética que fundamentam o comportamento humano É pelo conhecimento do bem, reconhecido em si como virtude, que o homem chegará à felicidade. O oposto, ou seja, o mal é fruto da ignorância.

Sócrates aproximou o Homem de si e o pensamento da humanidade passou a incluí-lo como parte dos fenômenos e processos naturais, observador e observado, sujeito e objeto, integrante dinâmico da natureza. Esse passo no desenvolvimento do pensamento serviu como respaldo para o surgimento da Psicologia séculos depois.

Sugiro a leitura do livro *O julgamento de Sócrates,* do historiador Isidor Feinstein Stone, (Companhia das Letras, 1991). Você conhecerá a personalidade de Sócrates, seu pensamento, sua intrigante maneira de entender o mundo e o Homem que nele habita, de uma forma diferente e crítica.

Não podemos esquecer que Sócrates nada registrou e dos escritos de seus vários discípulos sobreviveram, ao longo dos tempos, os de Xenofonte e Platão, sendo que os escritos de Platão são os responsáveis mais diretos pelo Sócrates representado na imaginação ocidental de hoje, uma vez que Xenofonte já estava fora de Atenas na época do julgamento, ao passo que Platão esteve presente até o fim, tendo saído da cidade pouco antes da execução e permanecendo fora de Atenas por doze anos. "Foi uma época difícil para o círculo socrático", comenta Stone na obra citada.

Não há garantia absoluta de que a imagem que o mundo tem de Sócrates corresponda à realidade, mas, com certeza, assim como Platão colocou Sócrates numa posição de destaque na História, Sócrates forneceu todo o subsídio para a imortalidade das obras de Platão.

Vale a pena descrever essa interpretação de seu julgamento:

> Nenhum outro julgamento, à parte o de Jesus, deixou uma imagem tão forte na imaginação do homem ocidental quanto o de Sócrates. Os dois julgamentos têm muita coisa em comum. Não dispomos de relatos contemporâneos e imparciais de nenhum dos dois (...) não temos os autos dos processos (...) só conhecemos a história pelos relatos posteriores, escritos por discípulos fidelíssimos (...). Tanto Jesus quanto Sócrates imortalizaram-se pelo martírio (...); se tivesse sido absolvido, se tivesse morrido uma morte tranquila, de velhice, Sócrates talvez fosse lembrado agora como uma figura menor e excêntrica do mundo ateniense, alvo preferido dos poetas cômicos". (Stone, 1991, p. 73).

A partir da base socrática, o pensamento filosófico que despontou posteriormente, no decorrer do século V a.C., levou a uma visão de separação entre corpo e alma que colocou o filósofo como um tipo de médico. O médico-filósofo era responsável pela cura das impurezas da alma por meio da técnica da descoberta das virtudes que compõem sua essência, e o médico do corpo, responsável pela cura das impurezas e pela promoção da saúde por meio de remédios e alimentação adequada.

## Sobre Platão (428 a.C. – 348 a.C.)

"A alma é o que existe em nós de mais divino, como é o que possuímos de mais particular". Assim pensava Platão, um homem que nasceu na ilha de Egina e fazia parte de uma família aristocrática de Atenas. Sua mãe (Perictione) descendia de uma família de políticos à qual Sólon – o legislador da democracia – também pertencia, e seu pai (Aristo) era da linhagem do último rei de Atenas e, assim, Platão cresceu entre políticos de destaque, em plena efervescência da democracia, convivendo com os bastidores da vida política de sua época.

Foi atleta, praticava arremesso de disco; aliás, Platão era um apelido, que significa "ombros largos", pois seu nome verdadeiro era Arístocles. Discípulo de Sócrates durante nove anos, obviamente foi muito influenciado pelo modo de pensar de seu mestre. Tinha 28 anos quando Sócrates morreu e parece ter sofrido bastante, pois a maneira com que transcorreu o julgamento, a sentença, a condenação e a morte de seu mestre deixaram evidentes as dificuldades, as incoerências e as contradições até então escondidas na trama do pensamento democrático proclamado por Atenas.

Adoeceu, viajou, foi convidado a retornar à política, decepcionou-se novamente com esta, passou por vários núcleos de estudos filosóficos em diferentes cidades, retornou para Atenas e fundou sua própria Academia (esse nome foi escolhido porque a construção que se tornou o centro de estudos de Platão estava localizada em um bosque chamado Academos – cultuado herói grego). Nesse lugar se reunia seu grupo de seguidores, composto inclusive por algumas mulheres. A Academia é tida como a primeira universidade.

Ao contrário de Sócrates, Platão registrava suas ideias, que estão expostas em 36 diálogos – todos apoiados no pensamento socrático. Nesses diálogos é possível se aproximar de seu modo de pensar sobre o Homem e a sociedade, sobre o ato de conhecer e a existência individual, sobre a educação e a organização política da sociedade etc.

Segundo alguns estudiosos, a obra de Platão pode ser analisada sob duas vertentes: a que contempla o conhecimento e a que contempla as relações político-sociais.

A dimensão epistemológica de seu texto está preocupada em dar andamento ao método socrático, no que diz respeito à origem do conhecimento. Para Sócrates, a única matéria realmente digna de estudo era o próprio Homem e as características contidas na alma. Platão defenderá que existem duas fontes principais de conhecimento – uma que se dá por meio do mundo sensível (dos fenômenos) e outra por meio do mundo inteligível (das ideias). Sua teoria transita entre esses dois pontos: o conhecimento que vem por meio do corpo e o que vem por meio da alma.

A teoria que desenvolve sobre a relação corpo-alma é delicada e complexa. Como sugestão para aprofundar essa parte do pensamento platônico, leia *Teeteto*, que você encontra nos *Diálogos* de Platão. Neste diálogo, especificamente, Platão elabora uma discussão que tem como tema o conhecimento. Aquele que é adquirido por meio das sensações e o verdadeiro conhecimento fundado nas ideias e contido na alma.

O corpo, no pensamento platônico, é definido como "o túmulo da alma". Isso significa que o conhecimento adquirido por meio das sensações é fugaz e dificulta a aquisição do verdadeiro conhecimento. Na verdade, o mundo material, sensível aos sentidos, como o mundo da cor, do som, do movimento etc., é ilusório, passageiro e não se consolida como verdadeiro conhecimento.

É necessário entender que, para Platão, acima desse ilusório mundo sensível está o mundo das ideias gerais, das essências imutáveis que o Homem pode atingir por meio da contemplação e da depuração dos sentidos. Ele entendia que a alma humana – antes do nascimento – portanto, antes de prender-se a um corpo, já teria entrado em contato com as ideias, da seguinte maneira:

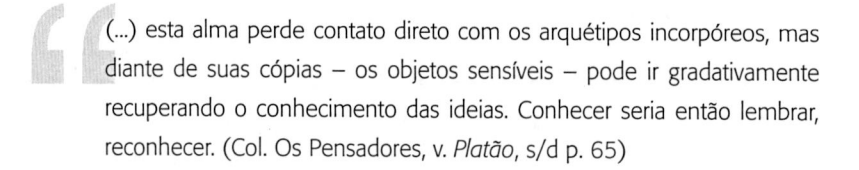

> (...) esta alma perde contato direto com os arquétipos incorpóreos, mas diante de suas cópias – os objetos sensíveis – pode ir gradativamente recuperando o conhecimento das ideias. Conhecer seria então lembrar, reconhecer. (Col. Os Pensadores, v. *Platão*, s/d p. 65)

Isto significa que, para Platão, a alma possui a verdade em si, ela é o princípio de todo movimento, simples, indivisível. A alma não se decompõe, é eterna, universal e existe totalmente independente da vida do corpo. Ele propõe a *doutrina da reminiscência* para explicar a ligação da alma com as ideias, mostrando que a partir da experiência sensorial, ou seja, do exercício de contato com os objetos e os fenômenos, é possível a revivência daquele conhecimento perfeito que existe esquecido e escondido dentro da alma.

Vamos entender um pouco mais sobre a alma em Platão:

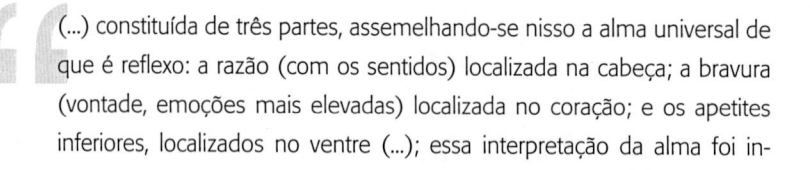

> (...) constituída de três partes, assemelhando-se nisso a alma universal de que é reflexo: a razão (com os sentidos) localizada na cabeça; a bravura (vontade, emoções mais elevadas) localizada no coração; e os apetites inferiores, localizados no ventre (...); essa interpretação da alma foi in-

fluência multissecular e mantém-se, de certa forma, até hoje – pensar, querer, sentir. (Rosenfeld, 1993, p. 39)

O que ocorre então é um constante conflito, pois a alma humana sofre entre a perspectiva da eternidade divina, portanto, perfeita, e as estimulações prazerosas da vida real. Conceitos como a imortalidade da alma, a relação matéria-tempo, pecado original, graus e funções da alma são derivados do platonismo e encontrados bem mais tarde, na perspectiva cristã proposta por Santo Agostinho.

Sugiro a leitura do "Mito da caverna", de Platão, que pode ser encontrado no livro VII de *A República* (s.d). Observe durante a leitura a relação entre o mundo sensível e o mundo inteligível, entre conhecimento e verdadeiro conhecimento. Pense no significado das sombras, da fogueira, do sol e das correntes como elementos simbólicos contidos no texto.

Agora sim podemos falar, brevemente, sobre a perspectiva política encontrada no pensamento platônico, pois por essa perspectiva é que vamos entrar em contato com as propostas de Platão para que o Homem e a sociedade possam romper as correntes que impedem a aquisição do verdadeiro conhecimento. A pergunta é: Quem, na estrutura social, seria a pessoa ideal para ensinar e governar?

O modelo proposto, também tripartido, é construído sob a base da divisão do trabalho, de maneira que os artesãos se responsabilizariam pela produção, os soldados, pela defesa e os guardiões, pela administração interna. Esses três segmentos conviveriam em um exercício harmônico de funções e no exercício da justiça.

No entanto, para que essa prática pudesse se instalar, algumas mudanças deveriam ocorrer no modelo de funcionamento social da época, como a diluição da família no corpo mais amplo da sociedade, a educação das crianças pela cidade, a distribuição do trabalho por aptidões, sem distinção de sexo etc. O governo supremo deveria ser exercido por reis-filósofos, escolhidos entre os guardiões que se destacassem. Esses indivíduos seriam submetidos a provas de patriotismo, resistência e, principalmente, seriam dirigidos num estudo aprofundado a fim de que atingissem o conhecimento das ideias até o ponto mais lapidado que permitisse o contato com a ideia de Bem.

Para Platão, ninguém é mau por vontade própria, mas porque foi educado de maneira inadequada ou porque possui algum tipo de doença em seu corpo que:

> (...) afluindo as três sedes da alma, conforme a que seja atingida por suas espécies diversas, aí introduzem todos os matizes das formas variadas da acrimônia e de abatimento, da temeridade e da covardia, da fugacidade e da preguiça de espírito (...). (Platão, *Timeu*, p. 86)

Se arriscarmos pensar em uma "psicologia platônica", poderíamos utilizar um modelo que o próprio Platão descreve quando compara a alma a uma parelha de cavalos conduzidos por um cocheiro. *O cocheiro simboliza a razão, um dos cavalos simboliza a energia vital e o outro simboliza o desejo.*

É importante para nós, estudiosos de psicologia, perceber que, com Platão, o conceito de saúde vinculou-se fortemente à ideia da relação corpo-alma. A alma é soberana sobre o corpo. No pensamento platônico, o corpo abriga a alma de forma conflituosa e se submete a ela. Pela razão e pelo raciocínio, elementos divinos da alma, que os desejos são controlados. Tudo o que Platão escreveu sobre o funcionamento do organismo e sobre as perturbações psíquicas está apoiado na ideia de que a alma é tripartida: intelecto, razão e desejo que, bem articulados, garantirão saúde; portanto, o conhecimento constitui-se, para ele, numa engrenagem na qual se movimentam intelecto e emoção, razão e vontade, inteligência e amor. Leia o *Timeu* e confirme. Não deixe de ler também o "Mito da Caverna".

## Sobre Aristóteles (384 a.C.–322 a.C.)

Aristóteles era da Macedônia. Sua família estava ligada à Medicina e à pesquisa biológica, assim como à vida política. Seu pai, Nicômaco, era médico a serviço do rei Amintas e esse ambiente marcou sua maneira de estudar, seu discurso e a filosofia que deixou para a humanidade.

Chegou a Atenas com aproximadamente 18 anos (em 366 a.C.) para estudar. Naquele momento ele tinha duas opções: ou seguia o grupo sofista liderado por Isócrates, ou escolhia a Academia de Platão, que oferecia uma base de estudos e discussões para a ação política e para a investigação matemática, na qual ingressou.

Quando Aristóteles chegou a Atenas, Platão já estava com 61 anos e encontrava-se na Sicília participando de um projeto político. Ambos se conheceram um ano depois do ingresso de Aristóteles na Academia, onde este estudou por vinte anos, só deixando a cidade quando Platão morreu, e deixou a Academia para ser dirigida por um sobrinho.

Após sua saída da Academia, Aristóteles permaneceu por três anos na Ásia e mais tarde foi chamado pelo rei Filipe, da Macedônia, para ser preceptor de seu filho Alexandre. Quando este, aos dezessete anos, assume o lugar do pai, assassinado, Aristóteles retorna a Atenas e funda sua própria escola: o Liceu (nome escolhido por estar localizado próximo ao templo de Apolo Lício), que se consolidou como um centro de estudos dedicado principalmente às ciências naturais.

Estudiosos afirmam que Aristóteles foi o "mais genuíno discípulo de Platão"; no entanto, ele descrevia a relação com seu mestre da seguinte maneira: "Sou amigo de Platão, porém mais amigo da verdade". É possível perceber que seu pensamento divergia de alguns postulados platônicos, especialmente porque ele entendia que para se alcançar a certeza sobre algum fenômeno eram necessárias normas organizadas de pensamento.

Aristóteles estabeleceu critérios de sistematização que caracterizam sua força intelectual e, desse modo, ofereceu todo o alicerce para o desenvolvimento do pensamento científico posterior.

Ele tratou da questão da dicotomia corpo-alma da seguinte forma: a alma não poderia viver sem um corpo que ela pudesse animar porque ela está inexoravelmente ligada às funções desse corpo por meio de sensações, percepções, memórias etc. Dessa maneira, a alma não é entendida como uma substância angustiada, presa no corpo, lutando para se livrar dele e retornar a seu mundo de plenitude e conhecimento. Ao contrário, a alma é o que assegura a harmonia das funções vitais.

Em *De ânima*, Aristóteles afirma:

> (...) não cabe pesquisar se a alma e o corpo são uma só coisa, como não o fazemos quanto à cera e o sinete, nem de maneira geral, quanto à matéria de uma coisa qualquer e aquilo de que é matéria (...); fosse o olho um ser vivo, a visão seria sua alma: pois a visão é a essência do olho. O olho, de sua parte, é matéria da visão, e, faltando a visão não há mais olho, senão por homonímia, como um olho de pedra ou um olho desenhado (...); a alma é o sentido primordial, aquilo porque vivemos, percebemos e pensamos (...); é com razão que pensadores têm julgado que a alma não pode existir sem um corpo, nem ser um corpo, mas algo do corpo; e essa é a razão por que está em um corpo (...); as afecções da alma se dão com um corpo: a coragem, a doçura, o temor, a compaixão, a audácia e ainda a alegria, tanto quanto o amor e o ódio; pois, ao mesmo tempo em que se produzem essas determinações, o corpo experimenta uma modificação. (Coleção Os Pensadores, v. *Aristóteles,* 1984, p. 36).

Aristóteles estruturou sua filosofia de maneira diferente de Platão e de Sócrates. Ele fazia registros de seus experimentos, de suas observações e das aulas que preparava. Desses registros, 47 sobreviveram até hoje e são, caracteristicamente, desenvolvidos como temas para aulas.

Seus escritos são sistematizados, técnicos, classificatórios e dão uma contribuição importante, pois afirmam que as informações existentes na consciência foram previamente experimentadas pelos sentidos. Afirmam também que o ser humano tem uma condição inata para reorganizar, agrupar e classificar essas impressões gravadas pela recepção pelos órgãos dos sentidos.

Tal visão de construção do conhecimento individual facilitou a expansão do caminho filosófico em direção ao naturalismo e ao empirismo.

Segundo Reale (1992, p. 338), os escritos de Aristóteles podem ser divididos em dois grandes grupos: "os *exotéricos* – compostos em sua maioria em forma dialógica e destinados ao grande público – e os *esotéricos* – que mostram a base didática de Aristóteles e eram destinados a seus discípulos, portanto patrimônio exclusivo do Liceu".

O primeiro grupo de escritos perdeu-se quase totalmente ao longo dos tempos e temos hoje apenas alguns títulos e fragmentos, como: "Da Retórica"; "Sobre as ideias"; "Sobre o bem"; "Sobre a alma"; "Tratado sobre o cosmo para Alexandre". Do segundo grupo, que trata da problemática filosófica e das ciências naturais, é possível ter acesso ao conjunto de tratados de lógica como: "Sobre a interpretação"; "Refutações sofísticas"; "Primeiros analíticos"; "Segundos analíticos". Da Filosofia natural podemos citar como exemplos: "Física"; "Do céu"; "A gestão e a corrupção"; "A metereologia" etc. Há também obras sobre metafísica, moral e política. Esses textos transitaram por comentadores gregos, filósofos árabes, medievais e renascentistas, atravessaram os tempos e formaram pensamentos.

Optamos por citar seus estudos sobre Metafísica, no qual ele invereda na busca das "causas primeiras", e nosso objetivo é que o leitor tenha acesso a um exemplo da maneira com que Aristóteles conduzia seu exercício de pensamento. Procure outras referências.

Para ele, há quatro causas que determinam o ser e o devir das coisas:

**Causa formal** – é a forma ou a essência das coisas: a alma para os animais; as relações formais determinadas para as diferentes formas geométricas (para a circunferência, por exemplo – o lugar preciso dos pontos equidistantes de um ponto chamado centro) que determinam a estrutura para os diferentes objetos de arte.

**A causa material ou matéria** – "aquilo de que é feita uma coisa", por exemplo: a matéria dos animais são a carne e o osso, a matéria da esfera de bronze é o bronze, da taça de ouro é o ouro, da estátua da madeira é a madeira, da casa são os tijolos e o cimento.

**A causa eficiente ou motora** – aquilo de que provêm a mudança e o movimento das coisas. Por exemplo: os pais são a causa eficiente dos filhos, a vontade é a causa eficiente das várias ações do homem, o chute que é dado na bola é a causa eficiente de seu movimento.

**A causa final** – constitui o fim ou o escopo das coisas e das ações. Ela é aquilo em vista ou em função de que cada coisa é ou advém e isso, diz Aristóteles, é o bem de cada coisa.

Observe, na leitura do texto a seguir, a explicação sobre como Aristóteles vai demonstrando que, ao reconhecer a realidade, o ser humano automaticamente o ordena em categorias:

> (...) estabelecemos a diferença entre coisas que são feitas de pedra, coisas de algodão e coisas de borracha. Distinguimos coisas vivas de mortas e plantas de animais e de seres humanos (...). Aristóteles foi um organizador, um homem externamente meticuloso, que queria por ordem nos conceitos dos homens. De fato, ele também fundou a ciência da Lógica e estabeleceu uma série de normas rígidas para que conclusões ou provas pudessem ser consideradas logicamente válidas (...). No seu projeto de "colocar ordem" na vida, Aristóteles chama a atenção primeiramente para o fato de que tudo o que ocorre na natureza pode ser dividido em dois grupos principais. De um lado, temos as coisas inanimadas, tais como pedras, gotas de água e torrões de terra. Essas coisas encerram em si uma potencialidade de transformação. Segundo Aristóteles, elas só podem se transformar sob a ação de agentes externos. De outro lado, temos as criaturas vivas, que possuem dentro de si uma potencialidade de transformação. (Gaarder, 1995, p. 127)

Aristóteles afirmava que "se não existisse nada de eterno, não poderia existir nem mesmo o devir, e essa ideia de mudança pode ser compreendida por meio do último grupo de conceitos: ato e potência".

O conceito de potência descortina a ideia de imperfeição, uma vez que a potência vem a ser a capacidade que algo vivo tem de se tornar ato e gerar nova potência. Esse eterno movimento aponta para uma vida em cadeia associativa na natureza que, por meio desse movimento transformador, aponta para um elemento primeiro e originador que, na concepção de Aristóteles, é Deus.

Segundo Reale (1992, p. 337): "Quem indaga as causas e os primeiros princípios, necessariamente deve encontrar Deus: Deus é, com efeito, a causa e o princípio primeiro por excelência". Esse pensamento desemboca estruturalmente na Teologia porque afirma a existência de um ser superior e necessário, inspirando o pensamento cristão de São Tomás de Aquino (século XII).

Da mesma maneira que Sócrates e Platão, Aristóteles também pretendeu pensar e compreender a origem das coisas e da vida. A maiêutica de Sócrates e a dialética de Platão são métodos abertos. Aristóteles rompe esse subjetivismo impondo um caminho de regras lógicas para conclusões corretas.

Se fosse possível falar em uma "psicologia aristotélica", poderíamos dizer que seus estudos sobre sensações e percepções permitiram o retorno ao corpo como fonte de conhecimento e, ao estudar a razão, os sonhos, a memória, os temperamentos etc., o campo de observação sobre o funcionamento interno do homem foi ampliado e aprofundado, mostrando-o pronto para o exercício do pensamento, o que Aristóteles considera a principal fonte de felicidade e virtude. Aristóteles morreu no período helenista e alguns autores afirmam que se passaram dois mil anos antes que outro pensador comparável a ele surgisse.

É possível pensar, como muitos estudiosos, que se Sócrates deu ao homem a Filosofia, Aristóteles deu a ele a Ciência.

CAPÍTULO 3

# Raízes filosóficas e fisiológicas da Psicologia

Vimos no capítulo anterior que Sócrates (470 a.C. – 399 a.C.) contribuiu para o desenvolvimento do pensamento da humanidade ao fazer florescer a Filosofia e, por meio da aplicação do método socrático, foi demonstrando a existência do potencial, próprio do ser humano, de olhar em direção de sua alma e de seu mundo interior e, assim, conhecer as virtudes que dentro dele habitam. Vimos também que, com Platão (428 a.C. – a 348 a.C.), este mesmo homem é entendido de maneira dicotômica. Por meio do corpo, o conhecimento é adquirido de maneira efêmera, registrando-se simples reconhecimentos de informações que sempre habitaram a alma (verdadeiro conhecimento), o que garante a soberania sobre o corpo. Com Aristóteles (384 a.C. – 322 a.C.), os estudos sobre imaginação, memória e sonhos são sistematizados de maneira racional, as matérias e as essências que compõem o mundo são classificadas e organizadas em categorias, em uma construção lógica. Para ele, uma vida humana conduzida de acordo com a razão assegura a felicidade.

Observamos, então, que a forte determinação animista ligada à força do destino, característica do pensamento mítico, foi sendo envolvida pela razão e pela subjetividade, muito embora conforme os séculos foram passando, as manifestações míticas continuassem se expressando em forma de rituais e expressões primitivas nas diferentes culturas e, ainda na contemporaneidade, convivem com as mais intrincadas e recentes descobertas tecnológicas.

Vamos, então, caminhar mais um pouco na linha do tempo, buscando compreender a força da dialética "corpo-alma" na construção das teorias que subsidiaram a Psicologia.

## Filosofia e Medicina na Antiguidade

Gostaria agora que você se localizasse no longo período que vai do século III a.C. ao século III da nossa era. Esse período é chamado Antiguidade, e nele ocorreu a apropriação da cultura grega pelos romanos em todo o mundo mediterrâneo (fenômeno histórico-social chamado helenismo). Na verdade, as consequências produzidas pelas expedições de Alexandre geraram uma crise profunda nos valores que os filósofos clássicos tentaram deixar implantados entre os gregos. Suas mensagens se fecharam em suas próprias escolas e houve o esvaziamento tanto do exercício do pensamento socrático quanto dos ensinos desenvolvidos na Academia e no Liceu.

Esse recolhimento aos poucos abriu espaço para novas linhas de pensamento que continuavam tentando dar conta do sentido da vida humana individual e de seu significado de acordo com as novas ordens sociais em que as pessoas estavam vivendo. De cidadão, o homem grego passou a ser súdito e teve de exercitar a convivência com os povos bárbaros.

Nesse período de miscigenação cultural tão importante no processo de desenvolvimento das civilizações, surgiram muitos núcleos filosóficos, como Epicurismo, Estoicismo, Ceticismo e Neoplatonismo. Cada um deles buscou aprofundar, de acordo com seus princípios, a compreensão do que é o ser humano e quais são suas funções na sociedade. Iremos apontar apenas a estrutura principal de alguns destes. Considere essas informações como um início e procure conhecer e se aprofundar nas que mais despertem seu interesse.

**Epicurismo** – considerada a primeira das grandes escolas helenísticas, fundada por Epicuro, em Atenas, em 307-306 a.C. Sua preocupação com a ética fundamentada no prazer e no afastamento da dor merece ser destacada. Epicuro não concordava com Platão nem com Aristóteles. Ele viveu em uma época cujos valores éticos estavam confusos, em virtude da revolução liderada por Alexandre, e acompanhou a crise de empobrecimento moral e cultural vivenciada pelo cidadão ateniense. Por isso seu pensamento defendia o homem individual e a virtude do homem privado, liberto das formatações de convivências instituídas pelo Estado.

Na verdade, ele praticamente criou uma contracultura por meio de suas trezentas obras e da fundação de um lugar chamado "O Jardim". Em "O Jardim" eram realizadas as discussões filosóficas sobre critérios da verdade, validade das sensações, sentido do prazer e da dor, da opinião. Estudava-se sobre a Física, sobre a imortalidade da alma, sobre a ética e a sabedoria. Epicuro dizia que o prazer: "Não pode ser nunca, necessariamente, um mal, dado que mal é só a dor". Para ele, o *não sofrimento* do corpo é prazer e a *não perturbação* da alma também é prazer e garantem a felicidade. Afirmava também que a vida moral não é dirigida pelo prazer, mas pela razão, pelo raciocínio e pelo cálculo aplicado aos prazeres. Isso tudo depende da sabedoria, que é a virtude suprema.

Segundo Reale (1992, p. 212), Epicuro distingue três classes de prazeres: prazeres naturais e necessários; prazeres naturais, mas não necessários; e prazeres não naturais e não necessários. O homem feliz deve saber escolher sempre prazeres que neutralizem a dor e reduzam a perturbação do espírito.

O pensamento de Epicuro encontrou eco em Roma por intermédio de seus discípulos e sob a forma de poema filosófico, inspirando o poeta Lucrécio:

> (...) a alma não se distingue do corpo a não ser por uma sutileza de seus componentes (...); à alma cabe difundir a vida pelo organismo e permitir as atividades intelectuais (...) condicionadas pela união entre alma e corpo, o que prova a materialidade da alma. (Müeller, 1978, p. 54)

> É vazio o discurso filosófico que não consiga curar alguma paixão do Homem: assim como realmente a medicina em nada beneficia se não liberta dos males do corpo, assim também sucede com a filosofia, se não liberta das paixões da alma. (Reale, 1992, p. 139)

**Estoicismo** – fundado em 312-311 a.C. por Zenão, filósofo bastante influenciado pelas discussões realizadas no "O Jardim" de Epicuro. Para Zenão e os estoicos, o homem pode alcançar a verdade e a certeza absolutas e essa é a segurança de que encontrará a paz de espírito.

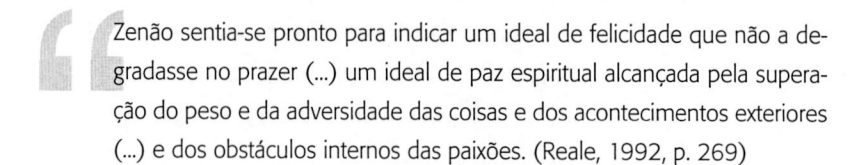

> Zenão sentia-se pronto para indicar um ideal de felicidade que não a degradasse no prazer (...) um ideal de paz espiritual alcançada pela superação do peso e da adversidade das coisas e dos acontecimentos exteriores (...) e dos obstáculos internos das paixões. (Reale, 1992, p. 269)

Os estoicos deixaram escritos sobre lógica, sensação e representação, linguagem, retórica, Física, liberdade, alma, ética e Antropologia, e inspiraram, posteriormente, muitos filósofos. Foi uma escola que se preocupou com a ética, acentuando a vontade humana como capacidade de negar os impulsos objetivando a firmeza da alma.

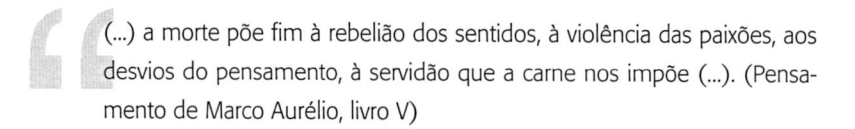

> (...) a morte põe fim à rebelião dos sentidos, à violência das paixões, aos desvios do pensamento, à servidão que a carne nos impõe (...). (Pensamento de Marco Aurélio, livro V)

**Ceticismo** – o nome ligado a essa escola é o de Pirro, filósofo que participou diretamente das expedições de Alexandre, portanto assistiu à transformação cultural de perto. Seu pensamento, de acordo com definição fornecida por Reale (1992), é considerado uma filosofia de ruptura, um pensamento que assinala a passagem de um mundo para outro. Pirro situa-se no preciso momento em que a consciência perde algumas verdades e não consegue ainda encontrar outras, situando-se no "marco zero da verdade".

Pirro não deixou nada escrito, mas a essência de seu pensamento, descrita por Timon, explicita que ele sustentou o seguinte pensamento: quem deseja ser feliz deveria entender que as coisas são "indiferentes, imensuráveis e indiscrimináveis e, por isso, nem as nossas sensações, nem as nossas opiniões podem ser verdadeiras ou falsas" (Reale, 1992, p. 402), portanto, para os céticos, é impossível tentar encontrar o conhecimento.

**Neoplatonismo** – escola cujo nome mais importante é o de Plotino, apoiou-se, principalmente, em Platão. Esta corrente filosófica pretendeu voltar à discussão sobre a relação corpo-alma. Plotino era um grande admirador do filósofo Amônio, de quem foi discípulo ao longo de onze anos. Com ele, aprendeu uma forma de pensar esta relação. Sua escola e seu modo de ensinar eram bastante diferentes das outras linhas filosóficas.

> "Platão fundara a Academia para formar na Filosofia os homens que deveriam renovar o Estado; Aristóteles fundou o Liceu para organizar de modo sistemático a pesquisa e o saber; Pirro, Epicuro, Zenão fundaram seus movimentos para tentar dar aos homens a paz e a tranquilidade da alma. A escola de Plotino tendia a um novo fim: aspirava ensinar aos homens a libertar-se da vida deste mundo para reunir-se ao divino e para poder contemplá-lo até o ápice de uma união transcendente. A finalidade da nova escola era, pois, fortemente religiosa e mística". (Reale, 1992, p. 416).

Cada uma das escolas filosóficas, portanto, manifestava inquietação em relação a esse homem transformador e em transformação. E assim, durante a Antiguidade, os filósofos preocuparam-se com a ética e com o conhecimento, com a alma e com a fé, com as sensações, com o prazer e com a morte.

No início desse período, surgiu o cristianismo, não como escola filosófica, mas como uma nova maneira de articular a origem e o destino da alma, apoiada na convicção da vida eterna, alcançada por meio da vitória sobre o pecado, e tomando como ponto de sustentação a ideia da redenção.

A consolidação da cultura ocidental é sustentada por uma base estrutural cujos pilares são: helenismo, judaísmo e cristianismo. Observe as diferenças intrínsecas em cada um desses pilares.

O povo judeu, apoiado nos princípios do Velho Testamento da Bíblia, vive em seu ritual cotidiano a expressão da esperança no Deus todo-poderoso que, ao criar o universo, o escolhe para ser o povo com o qual faz a aliança de salvação. Essa ideia de salvação tem um caráter comunitário e é considerada em uma perspectiva histórica. Para o povo judeu, não há distinção entre corpo e alma.

O povo grego explica o universo a partir de uma base racional e tem a compreensão de um Deus individual. A ênfase no dualismo corpo e alma, com soberania da alma, é sustentada mediante um princípio originador e impessoal, ou seja, cada homem responde pessoalmente por seu destino.

Observe: por um lado, o paganismo romano incorporou o conhecimento dos gregos, um povo politeísta, por outro lado a negação da chegada do Messias prometido, pelos judeus. Realmente é possível constatar uma mescla desordenada de culturas, fés e condutas sociais que gerou um campo propício para a investida em um processo de sistematização, que veio por meio da doutrina cristã e da criação de métodos pedagógicos que tinham a função de organizar o Império Romano. Esse foi o principal trabalho dos padres durante os quatro primeiros séculos da era cristã: consolidar o cristianismo no espaço geográfico e nos moldes da administração do Império Romano.

Desse modo, a Igreja, nascida e fortalecida durante a Antiguidade, passa, com o significado de alma a ela associado e firmado pelo cristianismo, por deslocamentos conceituais.

A Medicina na Antiguidade é descrita a partir de uma visão do homem em relação com a natureza. É importante citar Hipócrates (460 a.C. – 357 a.C.) que, lentamente, foi negando a intervenção dos deuses ou dos demônios no desenvolvimento da doença e afirmando que as perturbações do corpo, e mesmo as mentais, tinham causas naturais e exigiam tratamento especial. Ele apontou o cérebro como o centro das atividades intelectuais, assim como acentuou o papel da hereditariedade. Prescrevia uma vida em harmonia com a natureza, sem excessos, com dietas alimentares e exercícios físicos. Considerava o equilíbrio dos processos fisiológicos imprescindível para o bom funcionamento orgânico. Os médicos gregos e romanos utilizavam como medidas de tratamento dietas, massagens, hidroterapia, ginástica, hipnotismo, sangrias e purgações.

Seu pai havia sido sacerdote do templo de Asclépio, e lhe ensinou Medicina, mas ele também estudou retórica com Górgias, conheceu Demócrito e Sócrates. Ao mesmo tempo em que se ligou à Medicina sacerdotal, aprendida com o pai, afastou-se desta ao se preocupar com a racionalidade, com a documentação da vida médica e com um saber empírico oriundo da observação e da reflexão. Ao classificar os quadros de perturbação, apoiou-se na observação e nos registros clínicos diários, minuciosos e precisos de seus pacientes. Entendia que o ambiente era importante promotor tanto da doença quanto da saúde, portanto evitava separar o paciente de sua família. Hipócrates conhecia o sofrimento humano e:

> colocava o médico a serviço do paciente, afirmando que seu lugar era ao lado dos enfermos. Ele demonstrou como o sofrimento podia ser aliviado, não por intermédio de magia, mas por meio da higiene e das curas comprovadas. Marcou o curso da história da medicina, substituindo os deuses pela observação clínica. (Margotta, 1998, p. 27).

Quando Hipócrates morreu, Aristóteles já estudava com Platão e já produzia textos, em forma de aulas, sobre botânica, sensações, percepções, sono e sonho, mantendo a necessidade do estudo do corpo desvinculado da alma. Os textos de Aristóteles transitaram por comentadores e filósofos gregos e árabes medievais e renascentistas, ajudando a categorizar os dados da realidade.

O trabalho deixado por Hipócrates foi seguido posteriormente por médicos romanos e gregos, como Galeno (130-200), também um nome importante no cenário da Medicina nesse período. Suas principais contribuições foram o estudo do sistema nervoso e a forma de experimentação que desenvolveu para a descoberta da estrutura e do funcionamento do corpo humano. Segundo alguns autores, a preocupação central de Galeno era o estudo da anatomia e não do doente propriamente. Ele manteve uma atitude científica diante da doença dividindo suas causas em físicas e mentais. Com sua morte, no ano 200, suas contribuições, assim como as de Hipócrates e as dos médicos gregos e romanos, diluíram-se na filosofia político-teológica que se instalou na Europa.

Do ponto de vista da Medicina, a Antiguidade ficou assim marcada pela antecipação de muitos dos conceitos atuais sobre doença.

De uma compreensão mágica a uma compreensão lógica e subjetiva da doença, passaram-se muitos séculos. O médico foi xamã, feiticeiro, sacerdote. Foi apaziguador do espírito e, na Antiguidade, desenvolveu uma forma particular de escuta porque a relação do médico com o paciente, nesse período, caracterizava-se por uma escuta muito particular dos sintomas da pessoa em seu cotidiano. Ouvir e falar marcavam sobremaneira a relação médico-paciente.

## Filosofia e Medicina na Idade Média

O pensamento, na Idade Média (século V ao século XIV), já não mais sustentado pelas características de Igreja primitiva, mas por uma lógica institucional que objetivou sistematizar a doutrina cristã a fim de firmar a soberania político-religiosa romana, foi, exatamente, a doutrina religiosa que se apropriou dos movimentos culturais e religiosos determinando drasticamente as relações sociais durante alguns séculos.

A Filosofia, suas discussões e exercícios intelectuais sobre a alma e sobre o homem, sobreviveu algemada ao pensamento da Igreja, e não muitos pensadores se destacaram por retomar, rediscutir ou valorizar o pensamento e a cultura até então desenvolvidos pelos gregos.

Na Idade Média, crescem a população, as cidades, as escolas e evidencia-se a luta pelo poder econômico e político sustentados pelas bases da Igreja. A razão é entendida como dom de Deus. Os nomes que produziram a civilização na Idade Média estão, de algum modo, ligados ao pensamento religioso, como São Geraldo d'Avillac (século IX), São Francisco de Assis e Santa Clara (século XII), bispo Maurício de Sully, construtor da Catedral de Notre Dame (entre os séculos XI e XII).

Destaque cabe a Santo Agostinho (354-430) que, na passagem da Antiguidade para a Idade Média, rediscute a alma como a primeira realidade e participante não só do universo sensível, mas também da perfeição da verdade e, em sua preocupação com Deus, tende a desprender-se dos estímulos enganadores e prazerosos do mundo. Para Santo Agostinho, a alma é imortal. Sua existência é dirigida por Deus de modo que, apoiada na fé e na vontade, ela caminha, de grau em grau, na direção divina. O pensamento agostiniano domina os séculos posteriores reatualizando e, segundo alguns autores, tentando cristianizar a reminiscência platônica.

O papel filosófico também está subordinado à Teologia, dogmatizando e interpretando a Bíblia sem, propriamente, criar novas concepções de mundo, mas buscando com intensa força elaborar sínteses de pensamentos já existentes.

Com São Tomás de Aquino (1224-1274) há um novo impulso na maneira de pensar. Ao retomar a ética aristotélica, amoldando-a e adaptando-a aos preceitos cristãos, o pensamento tomista irá reforçar a ideia de que a matéria corporal não exprime sua marca no intelecto e, portanto, não existe sensação sem objeto ou pensamento sem conteúdo. O dualismo é superado pela fé na unidade alicerçada no poder de Deus.

Essas nuanças, rigidamente religiosas, deslocaram o esforço contido no ato de pensar o ser humano até então desenvolvido desde os pré-socráticos. Esse esforço limitou a expressão da compreensão da natureza humana, cristalizando-a dentro das fronteiras dogmáticas.

Assim também aconteceu com a Medicina que, em sua prática, durante a Idade Média, deixou dispersar as contribuições de Hipócrates e Galeno, e logo se misturou às superstições que envolviam o cotidiano popular, propiciando um retorno à demonologia. O homem era visto como um local onde os demônios e os espíritos batalhavam pelo domínio da alma.

A doença mental, segundo alguns autores, parece ter ressurgido na Idade Média com maior intensidade do que na Antiguidade. Ocorriam as "loucuras coletivas", com as epidemias e as pestes, resultantes da opressão e da fome, que atingiram seu ápice durante os séculos XV e XVI. As formas de tratamento, no caso da doença mental, caracterizavam-se por métodos que podiam ser entendidos pelo seguinte modelo:

> quando um demônio possui um homem e controla seu íntimo com enfermidade, um vomitório de tremoço, meimendro negro, alho. Moer juntos, acrescentar cerveja clara e água benta, flagelamentos com açoites, fome, correntes, imersão em água quente a fim de tornar o corpo um lugar tão desagradável que nenhum diabo respeitável continuaria nele existir. (Cockayne, s.d. *apud* Coleman, 1964, p. 97)

O médico, o curandeiro, o exorcista e o religioso, ocuparam-se da compreensão da sintomatologia das doenças, definindo formas de tratamento e de cura. Durante a Idade Média, uma das grandes preocupações era com as feiticeiras e as bruxas, tanto na Alemanha quanto na Inglaterra, especialmente no que diz respeito às suas ações dentro dos quadros das doenças mentais.

A ciência médica medieval estava apoiada nos ensinamentos transmitidos pelos médicos gregos, latinos e árabes, tornando-se, em grande parte, competência dos padres, inclusive transformando parte dos mosteiros em locais para refúgio e reclusão de muitos doentes.

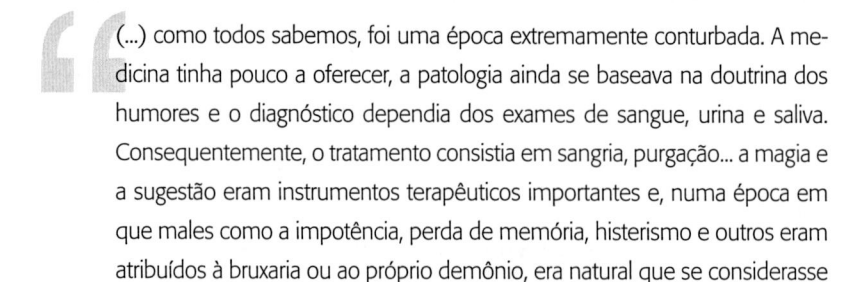

> (...) como todos sabemos, foi uma época extremamente conturbada. A medicina tinha pouco a oferecer, a patologia ainda se baseava na doutrina dos humores e o diagnóstico dependia dos exames de sangue, urina e saliva. Consequentemente, o tratamento consistia em sangria, purgação... a magia e a sugestão eram instrumentos terapêuticos importantes e, numa época em que males como a impotência, perda de memória, histerismo e outros eram atribuídos à bruxaria ou ao próprio demônio, era natural que se considerasse o exorcismo como uma prática terapêutica. (Margotta, 1998, p. 65)

No entanto, durante a Idade Média, a vida médica era regrada pelos limites de uma prática que devia quase tudo à erudição e à rotina, mas mesmo com todo esse tom místico e religioso, havia quem estudasse de fato a Medicina. Esses futuros médicos se preparavam de seis a oito anos, eram cultos, religiosos, filiavam-se a um mestre e o acompanhavam às visitas aos doentes. Dessa maneira, aprendiam a prática com as aulas, onde liam os escritos de Hipócrates, Galeno e outros médicos. Observavam o estado geral do doente e também:

> a influência moral sobre o físico: era preciso inspirar confiança no doente, reconfortá-lo, transmitir paz à sua alma, e os estatutos prescreviam aos médicos, em caso de doença aguda, cuidar para que seus clientes falassem com o padre. (D'Haucourt, 1994, p. 122)

Tal concepção da doença e de médico, emolduradas pelos princípios e regras da religião, pode ser encontrada no pensamento do médico alemão Paracelso (1493-1541). Para ele, a prática médica verdadeira só aconteceria se o médico inserisse, no tratamento, a alquimia mística determinada pelas forças da natureza humana. De acordo com Ismael (2002, p. 38), para Paracelso o bom médico: "deve possuir percepção espiritual, conhecimento espiritual, e força espiritual... essas qualidades pertencem não ao que é humano no homem, mas à luz do espírito que nele brilha". Ele também considerava a arte da Medicina uma profissão "nobre e sagrada" e "um Dom que não pode ser herdado nem estudado nos livros".

## Filosofia e Medicina no Renascimento

Com o Renascimento, a expressão do mundo interior humano pela arte, pela literatura, pela ciência explodiu de maneira vibrante. Procure informações, por exemplo, sobre Michelângelo, Leonardo Da Vinci, Shakespeare, Cervantes, Camões e Giordano Bruno, todos desse período.

Nesse momento encontramos as reais estruturas para o surgimento posterior da Psicologia, pois no século XVII houve uma explosão de conhecimentos. Por exemplo, na área da Física (com Galileu e Newton) determinou-se que o universo era formado por partículas em movimento, reforçando o pensamento mecanicista, que se impunha com coerência e força de comprovação. O universo, incluindo o homem, é percebido sob a ação das leis mecânicas e sujeito a mensuração.

Destacaremos dois dos grandes filósofos desse período: Francis Bacon (1561-1626) e René Descartes (1596-1650).

Bacon é assim reconhecido em seu pensamento registrado em *De dignitate et augmentis scientiarum*, VII, 2: "Os filósofos se esforçaram por tornar a alma por demais uniforme e por demais harmônica, mas nada fizeram para acostumá-la aos movimentos contrários".

Considerado o "pensador do Renascimento" e o representante típico da época dos descobrimentos, Bacon afirma que para descobrir é preciso que o homem conheça, e que a aquisição do conhecimento irá se processar por meio da experiência, na imperfeição dos sentidos. Ressalta que observação, comparação, repetição de experiências e análise unem razão e experiência na direção do conhecimento.

Descartes foi o filósofo que, mais do que qualquer outro, libertou a investigação e o próprio pensamento dos dogmas teológicos e tradicionais rígidos que dominaram o pensamento durante séculos. Descartes representou a passagem da Renascença para o período moderno da ciência e, segundo alguns autores, representou também os primórdios da Psicologia moderna.

Em sua obra chamada *Geometria*, escrita em 1637, Descartes afirma que "em matéria de progressões matemáticas, quando se tem os dois ou três primeiros termos, não é difícil encontrar os outros" (Pessanha, 1983, p. 15). Esta forma, que aponta para uma cadeia de razões necessária para a compreensão e o conhecimento leva à construção do método, ou de caminhos metodológicos úteis para se alcançar o conhecimento sobre algo. A análise, a síntese, a enumeração, constituem preceitos que levam a evidência de algo que se quer conhecer.

Descartes aponta a dúvida como força motriz para o levantamento de hipóteses, que irão testar a objetividade do pensamento científico. A incerteza pode levar a certezas, por isso ele afirmou: "Se duvido, penso, logo existo".

O pensamento cartesiano apresenta algo novo, pois, até então, entendia-se que o corpo inferia a existência da alma e de Deus. Descartes afirmava que era possível duvidar do corpo e do mundo, mas não se poderia, em hipótese alguma, duvidar do pensamento. Nada poderia impedir que o sujeito existisse enquanto fosse capaz de pensar.

Desse modo, apreende-se, do pensamento cartesiano, que o corpo é um conjunto de reflexos – visão mecanicista que dominava o novo tempo no qual ele vivia – o que, em certa medida, rebate a ideia de soberania da alma e que ele, o corpo, é composto por matéria física e é regido pelas leis da Física, e da Mecânica, é entendido como:

> (...) um sistema fechado de movimentos mecânicos, cujo princípio físico é uma espécie de calor que faz circular o sangue. Os espíritos animais que, fluindo sobre os nervos, de forma regulada pelo cérebro, transmitem

as sensações; essas, ligadas aos nervos motores por meio de válvulas, produzem reflexos motores nos músculos, por intermédio dos espíritos mencionados. (Rosenfeld, 1993, p. 61)

Descartes criou uma perspectiva filosófica que redireciona a atenção do estudo da alma para o estudo das operações mentais realizadas pela mente, ou seja, a capacidade de pensar é o ponto central da mente, que é imaterial e inextensa:

> A mais importante obra de Descartes, do ponto de vista do desenvolvimento futuro da Psicologia, foi a sua tentativa de resolver o problema corpo-mente, que era uma questão controvertida há séculos. Ao longo dos tempos, os pensadores tinham indagado como a mente, ou quaisquer qualidades puramente mentais, poderia distinguir-se do corpo e de todas as outras qualidades físicas. A questão básica e enganadoramente simples é esta: a mente e o corpo – o mundo mental e o mundo material – são duas essências ou naturezas totalmente diferentes? (Schultz, 1992, p. 40)

Embora seja inegável que Descartes mantém o pensamento dicotômico, a inovação estava na ideia de que mente e corpo, mesmo de naturezas distintas e separadas, sofrem um processo de interação no organismo, influenciando-se mutuamente.

Tentemos entender: se a mente possui capacidade de perceber e querer, de alguma maneira deve influenciar e ser influenciada pelo corpo. Para que essas duas instâncias, totalmente diferentes, possam interagir era necessário encontrar, no cérebro, esse ponto de interação. A única estrutura que não possui correspondência nos dois lados do cérebro é a glândula pineal, portanto Descartes entendeu que era o local onde as funções mentais (pensamento, percepção, memória etc.) estavam alojadas. A mente, para esse filósofo, liga-se a todas as partes do corpo, mas sua única função é gerar ideias.

A divisão corpo-mente, sedimentada na filosofia cartesiana, influenciou o desenvolvimento posterior da ciência e, com relação à Psicologia, é interessante descrever como Descartes formulou o processo de geração de ideias.

Primeiro, ele descreve uma categoria que se forma a partir da estimulação dos nervos que, ao produzirem uma impressão na glândula pineal, geram uma ideia, ou seja, o pensamento forma-se a partir da aplicação direta de um estímulo externo. Essa é a descrição da formação de ideias adquiridas. A outra categoria refere-se às ideias inatas, que não são produzidas por sensações e cuja fonte é a própria mente, o que significa dizer que elas já existem, potencialmente, no mundo mental e são reconhecidas pela experiência sensorial. São as abstratas, como a noção de infinito, de Deus, da perfeição, os axiomas geométricos etc:

> A obra de Descartes serviu como o mais importante catalisador para muitas tendências que seriam depois predominantes na Psicologia. As suas concepções sistemáticas de maior importância são a concepção mecanicista do corpo, a teoria de interacionismo mente-corpo, a localização das funções mentais no cérebro e a doutrina das idéias inatas. (Schultz, 1992, p. 43)

Depois de Descartes, o pensamento científico moderno se desenvolveu com muita rapidez e já no fim do século XVII e início do século XVIII surgiram novas vertentes de pensamento, como o positivismo, o materialismo e o empirismo. Interessa-nos, em particular, o pensamento empirista, pois esse grupo de filósofos estava:

> (...) em grande atividade, sobretudo na Inglaterra (...). A concepção do homem sobre si mesmo e o mundo que o cerca estava mudando rapidamente (...); a discussão dos fenômenos psicológicos estava começando a ser conduzida dentro de um quadro de referência constituído por provas fatuais, observacionais e quantitativas, baseadas na experiência sensorial. Focalizava-se mais os processos fisiológicos envolvidos no funcionamento mental (...). (Schultz, 1992, p. 42)

O principal empirista foi John Locke (1632-1704) e sua obra mais importante para a Psicologia foi *Ensaio acerca do entendimento humano*, publicada em 1690, e escrita ao longo de vinte anos. Esse trabalho se tornou material clássico traduzido para o francês e o latim e em 1700 já estava na 4ª edição, pontuando o início formal do empirismo inglês.

A preocupação intelectual de John Locke era como a mente adquire conhecimento. Ele negava a existência das ideias inatas, afirmando que o homem, ao nascer, não possui conhecimento algum; mesmo que, aparentemente, algumas ideias pareçam fazer parte constitucional da mente humana, elas são, na verdade, fruto de aprendizagem. O que equivale a dizer que o desenvolvimento da mente ocorre pelo acúmulo de experiências sensoriais, portanto, da experiência.

Vejamos como Locke organizou sua concepção acerca da aquisição do conhecimento em seu *Ensaio*:

> Suponhamos, pois, que a mente é, como dissemos, um papel em branco, desprovido de todos os caracteres, sem quaisquer idéias: Como será ele suprido? De onde lhe provém esse vasto estoque que a ativa e ilimitada fantasia do homem pintou nele com uma variedade quase infinita? De onde apreende todos os materiais da razão e o conhecimento? A isso respondo numa palavra: da experiência. Todo o nosso conhecimento está nela fundado, e dela deriva fundamentalmente o próprio conhecimento. Empregada tanto nos objetos sensíveis externos como nas operações internas de nossas mentes, que são por nós mesmos percebidas e refletidas, a nossa observação supre nossos entendimentos com todos os materiais do pensamento. Dessas duas fontes de conhecimento, a sensação e a reflexão, jorram todas as nossas idéias. (Locke, 1690 *apud* Schultz, 1992, p. 63)

Há então, para Locke, duas diferentes espécies de experiências: uma derivada da sensação e, outra, da reflexão, ou seja, além da ação das sensações sobre a mente, há o funcionamento da própria mente que é denominado reflexão. A reflexão também origina ideias, mas não existe reflexão sem que a experiência sensorial tenha previamente ocorrido, pois, para que o processo de reflexão aconteça, será necessário que o sujeito tenha guardado um número significativo de impressões sensoriais. Esse conjunto de impressões sensoriais tornará a mente apta a refletir.

Na reflexão, o indivíduo recorda impressões sensoriais anteriores, rearranjadas em novas formas e esse movimento gerará ideias. O empirismo determinou as posições metodológicas iniciais da Psicologia.

O século XVII foi marcado por uma característica que era a tensão entre opostos irreconciliáveis. Podemos percebê-la em vários contextos, como: por um lado, o Renascimento e, por outro, a força da reclusão religiosa; por um lado, as artes e, por outro, a vaidade, as guerras e as diferenças de classes. Exemplos: o Barroco surge como uma forma de trabalho em que as estruturas são escondidas sob os ornamentos, assim como à política ostensiva subjaziam as conspirações. A vida é teatro e o teatro moderno surge com Shakespeare. E se o pensamento empírico era forte, não era o suficiente para impedir que formas novas e flexíveis de compreensão da natureza humana fossem se desenvolvendo.

Desponta, então, Baruch Spinosa (1632-1677), um filósofo que, empregando o método geométrico – aqui se referindo à linguagem ou a formas de representação –, criticou a religião e a forma de leitura da Bíblia, e buscou mostrar que o homem é regido pelas leis da natureza e, portanto, precisa ser livre de sentimentos e de emoções para ser feliz e poder viver em paz. Monista, Spinoza atribuiu toda a natureza e todas as relações de vida a uma mesma e única substância. Em *Ética*, II, prop. XLIX corolário: "A vontade e a inteligência são uma e a mesma coisa", visão que retoma a atenção ao homem interior.

Nessa mesma linha é importante lembrar o pensamento de Gottfried Leibniz (1646-1716). Leibniz entendeu que toda realidade é de ordem espiritual. Para esse filósofo, deve-se imaginar que a vida mental é conhecimento e vontade. O que é material pode ser decomposto em unidades cada vez menores, mas a alma não pode ser decomposta. Precursor da dialética moderna e da teoria evolucionista, Leibniz vê um homem inquieto diante da realidade e de si mesmo.

Em *Nouveaux essais*, livro II, capítulo XXI, ele diz: "A inquietude é o aguilhão principal, para não dizer o único, que excita a indústria e a atividade do Homem". Tal excitação diante da vida é determinada fortemente por uma quantidade de informações nem sempre conhecidas pelo sujeito. No prefácio dos seus *Nouveaux essais*, ele afirma que pequenas percepções determinam:

> (...) em muitas oportunidades, sem que pensemos nisso, e iludem o vulgo com a aparência de uma indiferença de equilíbrio, como se nos fosse indiferente, por exemplo, virar para a direita ou para a esquerda. (Schultz, 1992, p. 87)

A partir de sua complexa filosofia, nascem a concepção sobre a atividade mental, sobre o papel da atenção, no estado de vigília, como necessário para a captação da realidade etc. Leibniz define um estado de percepção não consciente, que denomina "pequenas percepções" ou "apercepções":

> (...) percepções insensíveis, que não são percebidas e que prefiro chamar de apercepções a chamar de volições (...), pois não se chamam ações voluntárias senão as que a gente pode se aperceber e sobre as quais é possível recair nossa reflexão (...). (Locke, *Nouveaux essais*, liv. II, Cap. XXI, § 5 *apud* Schultz, 1992, p. 87)

Seus pensamentos abrem perspectivas para novas formas de compreensão do hábito, da memória, da razão, da imaginação. Podemos apreender de suas ideias que:

> (...) o Homem não é simplesmente o local dos atos. A pessoa é a fonte de atos (...); para conhecer o que uma pessoa é, torna-se necessário sempre consultar o que ela pode ser no futuro, pois todo estado da pessoa é apontado na direção de possibilidades futuras. (Milhollan e Forisha, 1978, p. 32)

Entre tantos outros importantes filósofos, Locke, de um lado, e Spinosa e Leibniz, de outro, definem visões de homem e de mundo praticamente antagônicas. Segundo Locke, o homem nasce vazio e ao ser invadido por estimulações sensoriais, escreverá sua história de conhecimento; já para Spinosa e Leibniz, o homem traz em si uma estrutura independente, dinâmica, única, que preexiste à estimulação.

Se do ponto de vista da Filosofia fica evidente a preocupação com o conhecimento e com o livre-arbítrio, a Medicina, durante esses séculos, apesar de voltada para numerosas pesquisas fisiológicas, encontrava obstáculos concretos para uma prática mais humanitária.

> Dissequei mais de dez corpos humanos, destruindo vários membros e removendo as minúsculas partículas de carne que circundam as veias, sem causar nenhuma efusão de sangue além do imperceptível derrame das veias capilares. (Leonardo Da Vinci, *apud* Margotta, 1998, p. 74)

No Renascimento, houve um processo de restauração da Antiguidade. Lentamente, a partir do século XVI, os mosteiros e as prisões foram delegando o cuidado dos pacientes aos asilos que aumentavam de número, embora o cuidado propriamente dito com o doente ainda estivesse longe de ser satisfatório. Esse período revigorou o espírito humano em todas as áreas e a Medicina, principalmente, foi forçada a rever seu conceito de doença do corpo e da alma.

O real nascimento da Medicina moderna ocorreu no século XVI, sobretudo em razão de duas situações: primeiro, como um dos resultados da invenção da imprensa, que facilitou a transmissão do conhecimento já desenvolvido pelos gregos e também facilitou a divulgação das descobertas que iam sendo realizadas em Medicina e, segundo, pela instalação de uma escola de arte, na Itália, que exercitou o estudo artístico da anatomia humana.

Foi também a partir do século XVI que surgiram importantes invenções, como o termômetro, os microscópios, os aparelhos para medir a pulsação etc. Com essas invenções se desenvolveu a química científica que foi se apropriando do lugar da alquimia, uma vez que as pesquisas facilitavam, em certa medida, que a demonologia da Idade Média pudesse ser revista, permitindo que os mosteiros e as prisões que recolhiam os doentes, em especial os mentais, começassem a colocá-los em asilos. Durante os séculos XVI, XVII e XVIII, diversos hospitais para abrigar e cuidar dos doentes mentais foram construídos em Londres, Moscou, Viena e nos subúrbios de Paris. Todos tinham um padrão semelhante de tratamento, e somente com o desenvolvimento da moderna ciência experimental foi possível a lenta humanização e aplicação de técnicas científicas nos diversos tipos de tratamentos, processo que teve seu início na França e na Inglaterra, estendendo-se um pouco mais tarde para os Estados Unidos.

O que marcou o século XVII foi a tônica na experimentação e no desenvolvimento de teorias sobre a doença, o que deixava o paciente sem espaço para ser ouvido. Já durante o século XVIII, o terreno do conhecimento da Medicina sedimentou-se e as descobertas foram inevitáveis e precisas. As vacinas e anestesias podem ser consideradas exemplos. A marca do desenvolvimento da Medicina no século XIX ficou por conta da mecanização advinda do desenvolvimento industrial, da Bioquímica, do uso preciso dos laboratórios. Tudo isso preparou o terreno para seu desenvolvimento no século XX.

O *status* do médico mudou durante o Renascimento. Eles eram:

> humanistas e homens de letra... Eram tidos em alta estima... pertenciam a classes privilegiadas... estudavam nas universidades, sendo que as italianas eram as de maior prestígio. (Margotta, 1998, p. 70)

Vale apontar que o desenvolvimento das técnicas de desenho da anatomia humana foi considerado fator importante para a consolidação da ciência médica. Os ensaios de desenhos da anatomia humana realizados pelo mestre das artes, Leonardo da Vinci, tornaram-se uma colaboração valiosa. Da Vinci desenhou o sistema muscular, as válvulas e as veias e esses desenhos foram a base da ilustração médica.

> (...) A profissão médica é, provavelmente, uma das mais antigas do mundo, mas, ao mesmo tempo, a ciência médica, como tal, encontra-se apenas em seu segundo século de existência. Enquanto a prática da *arte* da Medicina tem suas raízes em épocas pré-históricas, a *ciência* da Medicina pode ser considerada como havendo nascido apenas durante o século XIX. (Täkhä, 1988, p. 15)

Com o desenvolvimento conjunto da Física e da Química, dos laboratórios instalados nas universidades em diferentes partes do mundo, com a experimentação sendo o lastro técnico, com o estudo da anatomia cada vez mais preciso e com a Filosofia apontando para a importância dos sentidos na aquisição do conhecimento, a Medicina instala-se definitivamente no universo das ciências naturais. Esse cenário intelectual propiciava a busca de compreensões mais sistematizadas sobre o homem e seu funcionamento físico e mental.

CAPÍTULO 4

# O MARCO INICIAL DA PSICOLOGIA: ESCOLA ESTRUTURAL E ESCOLA FUNCIONAL DE PSICOLOGIA

Acompanhamos até aqui o movimento filosófico descrito nos capítulos anteriores. O que impressiona é a obstinação com que o homem busca incessantemente compreender a si mesmo e ao ambiente em que se relaciona com seus semelhantes. Nas primeiras escolas de Filosofia, corajosamente, os filósofos ensaiaram profundos posicionamentos sobre ética e conhecimento, alma e fé, sensações, prazer, morte e vida eterna.

Posteriormente, as discussões e os exercícios intelectuais sobre a alma e sobre o homem dominaram esta investigação em um árduo e lento trajeto que partiu de uma posição materialista e se desdobrou em uma compreensão idealista associada a princípios da Igreja. A consciência, ao ser entendida como manifestação espiritual, não podia obedecer às mesmas leis que regiam os fenômenos naturais-causais. Portanto, era entendida de forma diferenciada e especial.

Os filósofos retratavam a consciência humana como manifestação da razão divina e resultado das sensações. A vida psíquica era compreendida como expressão de um mundo subjetivo especial que, para ser desvendado, necessitava de auto-observação, o que impossibilitava seu conhecimento mediante a utilização de métodos científicos.

Esse enfoque dos processos psíquicos atrelados a uma filosofia idealista e religiosa:

> (...) deteve a evolução da Psicologia científica, e mesmo depois de os processos do mundo exterior se haverem tornado objeto de estudo científico

preciso, os fenômenos da vida psíquica do Homem continuaram sendo vistos como manifestação de um mundo espiritual específico, acessível apenas à descrição subjetiva. (Luria, 1979, p. 2)

A evolução da Medicina, do significado da doença, do papel do doente e do médico, a evolução das pesquisas e da tecnologia que avançavam rapidamente nos laboratórios das universidades, forneceram lastros para que houvesse a primeira estruturação sistemática da Psicologia, portanto esta surgiu profundamente amalgamada aos métodos aplicados nos laboratórios de Medicina e, mais especificamente, de Fisiologia.

O contexto de pensamento no qual a Psicologia aparece, formalmente, no espaço da ciência, pode ser descrito, basicamente, como atomístico, e essa visão parece óbvia se lembrarmos que a Física estava discutindo o átomo, a Química, a molécula e a Biologia, a célula. A Psicologia no início buscou a unidade primeira da consciência na sensação, que foi considerada o elemento básico e primeiro dos processos psíquicos. Voltemos à História.

## Escola Estrutural: Wilhelm Wundt (1832-1920) e Edward Bradford Titchener (1867-1927)

Em 1879 foi criado o primeiro Instituto de Psicologia Experimental do mundo, na cidade de Leipzig, Alemanha, e seu fundador chamava-se Wilhelm Wundt.

De origem alemã, ele nasceu em 1832, em uma família com características intelectualizadas, e parece ter vivido de maneira solitária, sem uma relação afetiva consistente com seus pais e irmão. Biógrafos descrevem severidade e austeridade em sua educação familiar e enfatizam certa dificuldade de atenção, o que influenciava seu rendimento no aprendizado formal e também em sua relação com colegas e professores, tanto na infância quanto na adolescência, no entanto, estudou Medicina na Universidade de Heidelberg e se especializou em Fisiologia, tornando-se professor dessa disciplina na Universidade de Leipzig, onde desenvolveu, nos laboratórios destinado ao ensino desta disciplina, os primeiros passos da construção da Psicologia.

A Fisiologia foi sua fonte de inspiração para o desenvolvimento das técnicas da nova ciência. Wundt ensinava Fisiologia num século em que o espírito positivista e empirista impregnava a Medicina, portanto suas preocupações e suas experiências estavam fortemente amparadas pelo método experimental. Ficou conhecido como um cientista muito assertivo, sério, incansável e bastante dominador.

Empregamos o termo "incansável", pois, de fato, ao observarmos sua produção, encontramos muitos artigos, relatos de pesquisas e livros. Suas principais obras são: *Contribuições para a teoria da percepção sensorial*, em edições publicadas entre 1858 e 1862. Este é um dos livros que marcam o início da Psicologia. Escreveu também *Conferências sobre as mentes de homens e animais*, publicado em 1863, e *Esboços de psicologia fisiológica*, publicado em duas partes, uma em 1873 e outra em 1874 – e esta edição, considerada sua obra-prima, é eleito o livro base mais importante na história da nova ciência, pois nele a Psicologia, pela primeira vez, foi conceituada como ciência de laboratório, com objeto de estudo definido e métodos de experimentação.

Além dos livros, Wundt idealizou a primeira revista da área, chamada *Estudos Filosóficos*, e desse modo atraiu para seus laboratórios estudantes de vários lugares do mundo, tornando-se respeitado e procurado no meio acadêmico.

No início do século XIX, a tendência de utilização de métodos experimentais se confirma em função dos registros conhecidos que descrevem numerosos experimentos que fundamentaram a compreensão sobre o funcionamento orgânico. Estudos sobre a velocidade do impulso nervoso, a audição, a visão, os nervos sensoriais, a percepção e suas nuanças, a relação quantitativa entre corpo e mente etc., realizados por diferentes métodos como, por exemplo método da extirpação, clínico ou de estimulação elétrica, foram propiciando descobertas e forçando o desenvolvimento de técnicas de pesquisas cada vez mais elaboradas.

Foi esse movimento que deu base para o surgimento da Psicologia Experimental. As pesquisas realizadas nessa época, assim como seus autores, podem ser mais bem conhecidas na leitura do livro *História da psicologia moderna*.

Com os trabalhos experimentais desenvolvidos nos laboratórios de Wundt, foi possível articular a aplicação de métodos matemáticos e experimentais, tornando a Psicologia uma ciência autônoma, empírica:

> (...) a fisiologia experimental proporcionou os tipos de experimentação que lançaram os alicerces da nova Psicologia. A pesquisa fisiológica que diretamente estimulou e guiou a nova Psicologia foi um produto dos finais do século XIX (...). Quatro homens são diretamente responsáveis pelas aplicações iniciais do método experimental ao objeto de estudo da Psicologia: Herman von Helmholtz, Ernst Weber, Gustav Fechner e Wilhelm Wundt. Todos os quatro eram alemães, bem treinados em Fisiologia e conscientes dos impressionantes progressos da Fisiologia e da Ciência em geral em meados do século XIX. (Schultz, 1992, p. 45)

O objeto de estudo da Psicologia Estrutural, conforme Wundt o definia, era a experiência em si, a que acontece antes da reflexão (denominada experiência imediata), livre de qualquer interpretação na qual ele incluía sensações, percepções, sentimentos e emoções, mas, para chegar até essa experiência o psicólogo deveria utilizar os métodos da experimentação e da introspecção.

Por entender que a base do ajustamento do organismo é um processo psicofísico, portanto uma reação que ocorre no nível fisiológico e no nível psicológico, Wundt acreditava que é nesse ponto de intersecção que o ajustamento deve ser estudado: levando em conta o estímulo e a transmissão neural assim como os fenômenos mentais.

Para tanto, Wundt foi percebendo que era necessário decompor a mente ou consciência em seus componentes mais elementares, o que significava que: diante de uma estimulação, como um som, o indivíduo deveria estar treinado para reconhecer as várias sensações ou experiências que percebia em si, sob a estimulação, nesse caso, auditiva. A experiência deveria ser analisada em seus elementos e reconhecidas as conexões entre os diferentes elementos, chegando-se assim às leis que regiam essas conexões. Seu problema era descrever os elementos que compunham a estrutura da mente.

Para que esse processo tão minucioso pudesse acontecer, gerar resultados e levasse enfim à compreensão da experiência consciente de maneira pura, era necessário um ambiente próprio, um estímulo específico e um sujeito treinado especialmente na introspecção (auto-observação).

As regras da Psicologia eram:

> 1. O observador deve estar apto a determinar quando o processo deve ser introduzido;
> 2. Deve encontrar-se em um estado de prontidão ou atenção concentrada;
> 3. Deve ser possível repetir a observação numerosas vezes;
> 4. As condições experimentais devem ser capazes de variação em termos de manipulação controlada dos estímulos. Esta última condição invoca a essência do método experimental: variar as condições da situação de estímulo e observar as mudanças resultantes nas experiências do sujeito. (Schultz, 1992, p. 76)

A introspecção era praticada pelos estudantes que passavam por um longo e rigoroso treinamento no método introspectivo e, antes de serem capacitados a fornecer dados reconhecidos e confiáveis, deveriam realizar mais ou menos 10 mil observações introspectivas. Resumindo, para a Escola Estrutural, a Psicologia Fisiológica se definia como a ciência da experiência imediata, possuindo como:

- **Objeto de estudo**: a experiência imediata;
- **Método de estudo**: introspecção, análise e experimentação;
- **Problema**: analisar os processos conscientes em seus elementos básicos; descobrir como esses elementos estão interligados; determinar suas leis de conexão.

Assim, Wundt, ao lado de outros estudiosos, mudou definitivamente a forma e a técnica para estudar o ser humano. Leia com atenção esse texto:

> (...) um estudo da alma certamente não era mais uma investigação pela análise racional de sua simplicidade, substancialidade e imortalidade. Era agora um estudo, por observação e experimento, de certas reações do organismo humano, não incluídas no objeto de estudo de qualquer outra ciência. Os psicólogos alemães, apesar de suas muitas diferenças, estavam empenhados todos num empreendimento comum; e a capacidade, o engenho e a direção comum de seus trabalhos, tudo isso somado fez dos desenvolvimentos nas universidades alemãs o centro do novo movimento em Psicologia. (Heidbreder, 1933, p. 105)

Essas são algumas das razões pelas quais Wilhelm Wundt é considerado o primeiro homem na história da Psicologia a ser nomeado "psicólogo" – embora a pesquisa tenha sido sua forte área de atuação, durante sua formação também estudou Filosofia, Lógica e Ética, matérias que no fim de sua vida aparentemente revisitou, pois, em 1920, publicou um projeto de dez volumes sobre o desenvolvimento mental da humanidade. Linguagem, arte, mito, costumes sociais, Direito e Moral foram temas desse impressionante trabalho chamado *Psicologia dos povos* e, ainda em 1920, escreveu *Autobiografia*, vindo a falecer, aos 88 anos, logo ao término desse trabalho.

> Wundt escreveu um total de 53.735 páginas, uma produção de 2,2 páginas por dia, de 1853 a 1920. A leitura de suas obras levaria cerca de dois anos e meio, a um ritmo de 60 páginas diárias. Poucos homens realizaram tanto, num período de tempo tão curto. (Boring, 1950, *apud* Schultz, 1992, p. 45)

A raiz da Psicologia, plantada nos laboratórios de Leipzig por Wundt, foi transportada para os Estados Unidos por um dedicado aluno, chamado Edward Bradford Titchener.

Titchener era inglês, determinado, capaz e bastante esforçado em relação a seus estudos, realizados por meio de bolsas, uma vez que sua família não tinha recursos financeiros para mantê-lo na universidade. Era sensível e curioso e também estudou Filosofia e caminhou em direção à Fisiologia. Ao descobrir as pesquisas que estavam sendo realizadas em Leipzig, foi estudar durante dois anos com Wundt, orientador de seu doutorado. O fato de seu trabalho não ter sido aceito na Inglaterra, o fez decidir ir trabalhar nos Estados Unidos, na Universidade de Cornell, aos 25 anos. Nesta universidade, começou a ensinar Psicologia, organizar e coordenar um laboratório, traduzir o material publicado por Wundt, orientar pesquisas, formar doutores e escrever seus próprios livros, dando continuidade à tradição wundtiana, e organizando de forma didática e clara a Psicologia nos Estados Unidos.

Suas ideias podem ser conhecidas pelos livros *Manual de psicologia*, escrito em 1919, e *Psicologia para principiantes*, redigido em 1915, onde é possível encontrar registros claros de como Titchener desenvolvia seu trabalho. Para ele, a Psicologia é a ciência da mente; entendendo-se que a mente pode ser descrita em termos de fatos observáveis.

Há em Titchener uma visão claramente dualista. Por exemplo, em *Psicologia para principiantes* encontramos a seguinte definição de Psicologia e de Mente:

> O mundo da física é incolor, sem som, nem frio nem quente; seus espaços têm sempre a mesma extensão; seus tempos são sempre da mesma duração, sua massa é invariável; seria exatamente o que é agora se a humanidade fosse varrida da face da Terra (...); o mundo da Psicologia contém vistas e sons e sentimentos; é o mundo do claro-escuro, de ruído e silêncio, do áspero e do liso; o espaço é algumas vezes amplo e, outras, estreito, como sabe toda gente adulta que tenha voltado a seu lar de infância; o tempo às vezes é breve, às vezes é longo; (...) contém também pensamentos, emoções, memórias, volições que são atribuídos naturalmente à mente (...) a mente é simplesmente o nome inclusivo de todos estes fenômenos. (Schultz, 1992, p. 99)

O problema da Psicologia era a análise desses fenômenos mentais que Titchener dividiu em três classes: sensações (unidades irredutíveis do mundo mental), imagens (como persistência da lembrança após a retirada do estímulo sensorial) e sentimentos, sendo que essas três classes tinham qualidade, intensidade, duração e vivacidade. Portanto, **nomear** a sensação, **identificar** a intensidade com que ela se apresentava e **registrar** sua duração eram trabalhos minuciosos que deveriam ser desempenhados por sujeitos experimentais com o objetivo de decompor os elementos registrados pelos órgãos dos sentidos até um elemento irredutível, no mesmo sistema da decomposição de elementos que ocorre na Química.

Para Titchener, a Psicologia era definida como uma ciência pura, sem interesses utilitários ou aplicados, sem preocupação com patologias, sistemas sociais e econômicos ou com as condições culturais dentro das quais a mente opera.

As experiências realizadas em Leipzig e em Cornell foram a base de sustentação da Psicologia por mais de duas décadas, mas, com o passar do tempo, muitas críticas foram feitas ao método introspectivo e à visão fechada e restrita dirigida ao estudo dos processos conscientes. Muito embora o Estruturalismo tenha dado identidade e estatura acadêmica formal à Psicologia e tenha propiciado sua separação da Filosofia e da Fisiologia, fechou-se em um sistema ortodoxo, autoritário e centralizador.

Leia com atenção este poema de Fernando Pessoa, escrito em 7/5/1914 e que você pode encontrar no livro *O eu profundo e os outros eus – seleção poética* e, à medida que lê, imagine-se pensando como um psicólogo da Escola Estrutural:

> Passa uma borboleta por diante de mim
> E pela primeira vez no Universo eu reparo
> Que as borboletas não têm cor nem movimento
> Assim como as flores não têm perfume nem cor.
> A cor é que tem cor nas asas da borboleta
> No movimento da borboleta o movimento é que se move
> O perfume é que tem perfume no perfume da flor.
> A borboleta é apenas borboleta.
> A flor é apenas flor.
> (Pessoa, 1980, p. 160)

Titchener passou grande parte de sua vida na Universidade Cornell, Estados Unidos, onde se tornou uma

> (...) lenda viva (...) se bem que muitos membros do corpo docente nunca o tivessem visto (...); depois de 1900, só dava aulas nas tardes de segunda-feira do semestre da primavera de cada ano (...); regia um pequeno conjunto orquestral em sua casa todos os domingos à tarde (...); colecionava moedas, e para entender os dizeres nelas gravados, aprendeu chinês, árabe, dominava línguas clássicas e algumas línguas modernas, incluindo o russo. (Schultz, 1992, p. 98-99)

Quando morreu, aos sessenta anos em decorrência de um tumor no cérebro, o Estruturalismo praticamente desapareceu, mas já há algum tempo novos pensamentos dentro da Psicologia vinham florescendo.

## Escola Funcional: Destacando William James (1842 – 1910)

Os ataques à Escola Estrutural vieram de frentes distintas e não tiveram um líder específico, embora tenham se configurado em um movimento cujos princípios se encontram expressos em muitos textos ricos, assinados por influentes pensadores, na sua maioria norte-americanos, principalmente, da Universidade de Chicago. Entre eles podemos citar o conceituado educador John Dewey (1859-1952); o psicólogo Harvey Carr (1873-1954), que incorporou ao objeto de estudo da Psicologia a pesquisa na área dos processos psíquicos, definindo a atividade mental como o funcionamento dos processos de aquisição, fixação, retenção, organização e avaliação das experiências e a utilização dessas experiências nas ações; e Granville Stanley Hall (1844-1924) que, entre muitos trabalhos reconhecidos, dedicou-se à evolução do funcionamento mental, estudando a criança, o adolescente e o idoso, chegando a ser chamado "*o Darwin da mente*"; e também o importante James McKeen Cattell (1860-1944), que iniciou um movimento prático em Psicologia, voltado para os testes e para o estudo das aptidões humanas.

Na Universidade de Colúmbia encontramos, entre outros, Robert Sessions Woodworth (1869-1962), que deixou uma relação enorme de publicações, nas quais encontramos uma preocupação com a investigação da reação do organismo a partir da força com que um estímulo provoca uma dada resposta.

Na Universidade da Pensilvânia, Lightmer Witmer (1867-1956) abriu a primeira clínica psicológica e fundou a Psicologia Clínica, organizou o primeiro curso sobre a disciplina, fundou e editou durante 29 anos a revista *Psychological Clinic* e entendia que a Psicologia deveria "ajudar as pessoas a resolver problemas e não estudar o conteúdo da mente" (Schultz, p. 84). Lightmer preocupou-se, também, com a educação especial, trabalhando com crianças encaminhadas por escolas e médicos.

As principais características do surgimento dessa nova linha de pensamento em Psicologia surgem como oposição ao pensamento Estrutural e defendem a importância do conhecimento sobre o funcionamento da mente. Esses autores apresentavam uma tendência pragmática, com apoio mais centralizado na Biologia do que na Fisiologia, o que foi libertando a nova ciência das paredes e técnicas desenvolvidas com os equipamentos e protegidas pelas paredes dos laboratórios.

O mundo científico começou a se dar conta das diferenças individuais e a se preocupar com a força da cultura, portanto a Psicologia também precisou voltar suas pesquisas para essas questões. Não cabia mais no cenário científico ou mesmo social e político uma ciência sem finalidade útil para a humanidade.

Assim como o artista, "todo psicólogo deve ir onde o povo está", ou seja: nas escolas, nas clínicas e nos hospitais. O psicólogo deveria entender o funcionamento mental da criança normal, do deficiente mental e do idoso. Deveria compreender a sociedade em que esse sujeito manifesta suas necessidades, assim como levar em consideração os padrões culturais a ele oferecidos, e a mente humana deveria ser entendida de forma plástica e em constante evolução; assim, muita mudança começou a acontecer...

William James é, talvez, o principal funcionalista exatamente por entender a mente sob a ótica de seu potencial dinâmico e a demonstrar a preocupação em conhecer seu funcionamento. Natural da cidade de Nova York cresceu amparado por uma família muito rica material e intelectualmente. Teve oportunidade de viajar pelo mundo, em especial pela Europa, conhecer diversas culturas e relacionar-se com intelectuais importantes de sua época. Tentou ser pintor, quis entrar para o Exército no período da guerra civil norte-americana, matriculou-se na universidade para estudar Química e depois enveredou pela Medicina, formando-se na Universidade de Harvard. Sua personalidade era complexa, frequentemente apresentava queixas somáticas e sintomas depressivos. Seu encontro com a Psicologia se deu a partir de reflexões pessoais, leituras de Filosofia e a curiosidade em relação às experiências relacionadas a estados alterados da mente. Passou a ensinar Psicologia em Harvard, casou-se, teve filhos, assinou contrato com uma editora e escreveu (ao longo de doze anos) o livro *Princípios de psicologia*, publicado em 1890.

Seus textos são fortes, bem escritos e num linguajar quase poético, tendo sido essa uma das razões pelas quais foi bem recebido no meio acadêmico-científico norte-americano. Em 1890, James definiu a Psicologia como "a ciência da vida mental, abrangendo tanto seus fenômenos como as suas condições". Ele descreve o sujeito formado por três "eus": o primeiro, denominado *eu material*, composto por todas as coisas que pertencem à pessoa, desde seu próprio corpo até suas roupas, propriedades etc. Ele dizia que ao variar o "eu material" variariam os sentimentos de modo que se o sujeito aumentasse seus bens materiais seria inundado por sentimentos de alegria, e se perdesse suas posses seria assolado por sentimentos de tristeza.

A segunda instância é denominada *eu social* e se refere às diferentes relações possíveis entre pessoas, envolvendo os grupos sociais a que pertença, quer familiar, de lazer, religioso ou político, quer de vizinhança, trabalho etc. Também aqui as alterações provocam sentimentos.

E, por fim, o *eu espiritual* que envolve as capacidades intelectuais, sentimentos, vontades e faculdades psíquicas. É no *eu espiritual*, segundo James, que as experiências são significadas e abstraídas. Os três "eus" formam o *eu empírico*, no interior do qual esses diferentes componentes transitam, nem sempre em harmonia.

Em *Princípios de Psicologia* ele exemplifica:

> Eu, que até agora me apliquei inteiramente em ser psicólogo, sofro se outros conhecem muito mais psicologia do que eu; porém, estou satisfeito em chafurdar-me na maior ignorância do idioma grego. Neste caso, as minhas deficiências não me fazem sentir humilhado. Tivesse eu pretensões de ser linguista, teria sido exatamente o contrário. Assim, podemos observar o paradoxo de um homem que se sente envergonhado só por ser o segundo pugilista ou o segundo remador do mundo. O fato de que ele seja capaz de derrubar toda a população do globo menos um nada significa; comprometeu-se a derrotar aquele único homem; enquanto não o fizer, nada mais importa. Aos seus próprios olhos, ele é incapaz de derrotar quem quer que seja; e, se ele assim pensa, ele assim é. (James, 1890, p. 310)

Estudioso, James pesquisou casos de personalidades múltiplas, dissociações, processos intelectuais, instinto, emoções, hábito, atenção, e em cada estudo foi apontando para a força do aprendizado. Seu livro *Princípios de Psicologia,* com ênfase na Biologia, tratou definitivamente a Psicologia como ciência natural. Nesse livro, ele buscou entender os processos mentais como atividades necessárias para os seres vivos, dotados de emoção e ação assim como de conhecimento e razão, sem se esquecer do lado irracional que habita o homem, explicando que a mente funciona de forma contínua, seletiva, e que sua função básica é a adaptação do homem a seu meio, a fim de capacitá-lo a fazer escolhas.

Quanto ao método da introspecção, James considerava:

> (...) um exercício natural, que consistia em "capturar" a própria vida de um momento que passou, em fixar e descrever o fugaz evento ao ocorrer em seu contexto natural. Não era a introspecção do laboratório, ajudada por

instrumentos; era a rápida e segura captura de uma impressão por um observador sensível e arguto. (Heidbreder, 1933, p. 171)

Para ele:

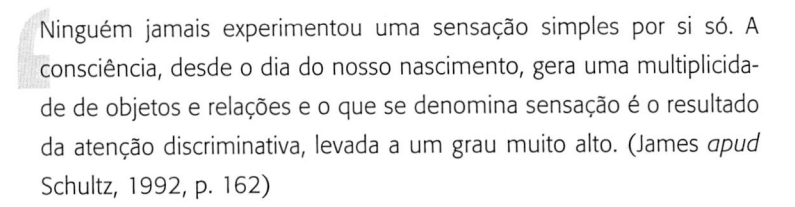

> Ninguém jamais experimentou uma sensação simples por si só. A consciência, desde o dia do nosso nascimento, gera uma multiplicidade de objetos e relações e o que se denomina sensação é o resultado da atenção discriminativa, levada a um grau muito alto. (James *apud* Schultz, 1992, p. 162)

Nas características do pensamento psicológico de William James encontram-se as características do sistema da Escola Funcional:

- Objeto de estudo do psicólogo funcionalista era a atividade mental entendida como um conjunto de categorias dinâmicas e distintas, apoiadas no organismo físico do qual o aparelho psíquico participa.
- Os métodos para o estudo da atividade mental são a introspecção, como utilizada na Escola Estrutural, e a observação, tanto objetiva (relativa à apreensão da atividade mental presente no comportamento de um sujeito observado) quanto subjetiva (relativa à apreensão da própria operação mental do observador).

A Escola Funcional pretendeu compreender tanto o comportamento e suas inter-relações complexas e contínuas quanto à consciência, abrindo um campo de interesse de estudos que permaneceu hermético na Escola Estrutural. Tornou-se a principal corrente de Psicologia e ampliou os campos de estudo e pesquisa sobre a compreensão da atividade mental, levando em conta as diferenças individuais e as influências culturais. No entanto, faltou-lhe força de integração, liderança e sistematização:

> É só na oposição ao Estruturalismo, na ênfase sobre a adaptação biológica e no apreço pela utilidade, que o funcionalismo permanece como um

> movimento unitário na história da psicologia moderna (...); se sua força como escola foi difícil avaliar, deve-se provavelmente ao fato de que outra escola a substituiu antes que de fato tivesse atingido a maioridade. (Keller, 1973, p. 71-72)

Assim temos o início de uma ciência em suas tentativas de descobrir os segredos do funcionamento mental humano, fortemente dominada pelo pensamento empírico. A Escola Funcional criou a base de sustentação necessária para a solidificação da Psicologia Experimental, ganhando mais força nos Estados Unidos que na Europa. De fato, a Psicologia Experimental norte-americana criou, entre 1880 e 1890, laboratórios muito bem equipados, revistas, programas de graduação estruturados e formou grande número de doutores, o que gerou uma liderança indiscutível no universo acadêmico, favorecendo o início da prática da Psicologia em muitas áreas.

CAPÍTULO 5

# Behaviorismo: o primeiro grande avanço na história da Psicologia e seus ecos na atualidade

Assim como o empirismo foi a base filosófica de sustentação das Escolas Estrutural e Funcional, as demais teorias psicológicas que se desenvolveram depois dessas escolas também devem ser entendidas a partir das matrizes filosóficas que as norteiam, pois definirão teorias, métodos e técnicas.

No decorrer do desenvolvimento do uso da introspecção e dos estudos realizados nos laboratórios das universidades, houve críticas que levaram à renovação do pensamento científico na Psicologia. Apresentaremos neste capítulo a história do surgimento da primeira perspectiva teórica realmente transformadora, para, em seguida, acompanharmos seu desenvolvimento até a prática contemporânea.

Os dois primeiros nomes que se ligam ao Behaviorismo são: John Broadus Watson (1878-1958) e Burrhus Frederick Skinner (1904-1989).

A corrente Behaviorista de Psicologia caracteriza-se por um histórico experimental muito bem sedimentado. Primeiro, pretendemos oferecer o caminho histórico do Behaviorismo e, em seguida, apontar alguns eixos de sustentação dessa teoria sobre a compreensão do ser humano por meio do estudo de seu comportamento.

O pensamento behaviorista defende que, por meio de observação e experimentação sistemática e cuidadosa, é possível desenvolver um conjunto de princípios que podem explicar adequadamente o comportamento humano.

Com o surgimento do Behaviorismo, a Psicologia deixou de lado a preocupação com a consciência (tal qual as escolas anteriores compreendiam) e passou a defini-la como uma ciência do comportamento de organismos, comportamentos ocorridos em dimensões físicas de espaço e de tempo. Assim, ficou definitivamente para trás a ideia de Psicologia como o "estudo da alma" e também a definição de ciência pura "da consciência", uma vez que seu campo de análise ficou delimitado ao estudo dos eventos que podiam ser empiricamente observados.

Ao iniciarmos esse tema, não podemos nos esquecer de que os funcionalistas foram aos poucos modificando os pressupostos da Escola Estrutural, sem que acontecesse um afastamento formal desta. Foi, portanto, um crescimento natural:

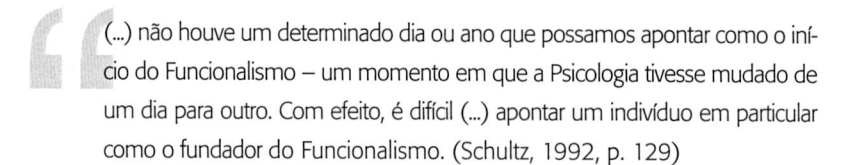

> (...) não houve um determinado dia ou ano que possamos apontar como o início do Funcionalismo – um momento em que a Psicologia tivesse mudado de um dia para outro. Com efeito, é difícil (...) apontar um indivíduo em particular como o fundador do Funcionalismo. (Schultz, 1992, p. 129)

Na verdade, enquanto o funcionalismo ia se desenvolvendo e amadurecendo, o estruturalismo mantinha suas bases definidas e sua forte posição no universo científico.

Por volta de 1913, houve o verdadeiro rompimento com o pensar psicológico que ambas as escolas propunham. Esse movimento, denominado Behaviorismo, foi liderado por um psicólogo chamado Watson. Seu primeiro ataque à Psicologia Estrutural e Funcional foi feito por meio da publicação de um artigo divulgado pela revista americana *Psychological Review*.

Nele, Watson contestava duramente o modelo psicológico defendido pelas escolas da época e dizia, de maneira assertiva e contundente, que se a Psicologia quisesse se fortalecer no mundo da ciência, seria necessário que repensasse, com urgência, seu objeto de estudo.

Watson nasceu em uma cidade pequena, sua família era pobre e com muitos problemas de relacionamento entre si e com a comunidade. O pai, alcoolista, abandonou a família quando Watson entrava na adolescência, o que aumentou o ódio e o desprezo que sentiu por ele durante toda sua vida. Durante esse período de adaptação à ausência do pai, cometeu atos delinquentes, era considerado preguiçoso, briguento e impulsivo. No entanto, havia prometido à mãe, mulher muito religiosa, que seria religioso e estudaria para ser pastor. Ao fazê-lo, iniciou seu caminho de formação. Quando sua mãe morreu, ele enveredou pela Filosofia, e encontrou a Psicologia Funcional, completando seu doutorado, de maneira brilhante, aos 25 anos de idade.

Casou-se com uma de suas alunas, que pertencia a uma família de destaque financeiro e social, e iniciou sua vida profissional na Universidade Johns Hopkins, na cidade de Baltimore, nos Estados Unidos. Foi o professor responsável pelo departamento de Psicologia, editor da principal revista de Psicologia, a *Psychologycal Review*, presidente da Associação Americana de Psicologia (APA), apaixonou-se por uma aluna, perdeu seu emprego na universidade e foi desprezado por seus colegas (curiosamente o único professor que lhe ofereceu apoio foi seu colega Titchener, da Escola Estrutural – lembra-se dele?). Ao ser obrigado a deixar a academia, foi desenvolver a Psicologia na área da publicidade, mas continuou estudando a educação infantil do ponto de vista behaviorista. Estudaremos agora o início do Behaviorismo, instituído por esse homem inteligente, ambicioso, determinado e resiliente.

Sua proposta inicial, para que a Psicologia continuasse no cenário das ciências, era de que deveria estudar o comportamento, ou seja, Watson supunha que o objeto de estudo dessa ciência deveria ser determinado pela observação dos atos de conduta que pudessem ser descritos em termos de estímulo e resposta.

Para entendermos o pensamento de Watson iremos às suas próprias palavras, recuperando, mesmo que com cuidadosos recortes, o artigo que foi o ponto de partida formal do Behaviorismo. O texto em questão se chama *Psychology as the Behaviorist Views It* e foi publicado em 1913, na edição da revista *Psychological Review*, 23 (89-116):

> A Psicologia, tal como o behaviorista a interpreta, é um ramo puramente objetivo e experimental da ciência natural. Seu objetivo teórico é a

predição e o controle do comportamento. A introspecção não é parte essencial dos seus métodos nem o valor científico dos dados depende da facilidade com que podem ser interpretados em termos de consciência. O behaviorismo, em seu esforço para conseguir um esquema unitário da resposta animal, não reconhece linha divisória entre o homem e o animal irracionais. O comportamento do homem, com todo o seu refinamento e toda a sua complexidade, constitui apenas uma parte do esquema total de pesquisa do behaviorista. (...) Não desejo criticar injustamente a Psicologia. Ela não conseguiu nitidamente, durante cinquenta anos como disciplina experimental, encontrar seu lugar como ciência natural indiscutível. (...) Parece ter chegado o momento em que a Psicologia precisa afastar toda e qualquer referência à consciência; em que já não precisa ser induzida a pensar que está fazendo dos estados mentais o objeto de observação. (...) Os últimos quinze anos assistiram ao desenvolvimento do que chama Psicologia Funcional. Este tipo de Psicologia afasta o uso de elementos, no sentido estático dos estruturalistas. Acentua a significação biológica dos processos conscientes em elementos isoláveis por introspecção. Fiz o melhor que podia para entender a diferença entre Psicologia Funcional e Psicologia Estrutural. Ao invés de maior clareza, caí em maior confusão. (...) A Psicologia que eu tentaria construir consideraria como seu ponto de partida, em primeiro lugar, o fato observável de que os organismos, tanto humanos quanto animais, se ajustam a seus meios ambientes por meio do equipamento hereditário e dos hábitos. Tais ajustamentos podem ser muito adequados ou tão inadequados que o organismo só a custo mantém a sua existência; em segundo lugar, alguns estímulos levam os organismos a apresentar as respostas. Num sistema de Psicologia inteiramente desenvolvido, dada a resposta é possível predizer o estímulo; dado o estímulo, é possível predizer a resposta. (...) O que me dá esperança de que a posição behaviorista seja defensável é o fato de que aqueles ramos da Psicologia que já se separaram parcialmente da psicologia-mãe, a psicologia experimental, e que, por conseguinte, são menos dependentes da introspecção, se encontram hoje em condições sumamente florescente. A pedagogia experimental, a farmacopsicologia, a psicologia jurídica, a psicologia dos testes e a psicopatologia estão todas em vigoroso crescimento. (...) Estou interessado, no presente momento, em tentar mostrar a uniformidade no procedimento experimental e no método de apresentação de resultados

no trabalho com o homem e com animais do que em desenvolver quaisquer ideias que possa ter acerca das mudanças que certamente advirão para o raio de ação da psicologia humana. (...) É possível que não exista uma falta absoluta de harmonia entre a posição aqui descrita, em suas linhas gerais, e a da Psicologia Funcional. Sou propenso a pensar, entretanto, que as duas posições não podem ser facilmente harmonizadas. (...) O que precisamos fazer é começar a trabalhar em psicologia fazendo do comportamento e não da consciência o ponto objetivo do nosso ataque.
(Schultz, 1992, p. 262)

Podemos compreender, no decorrer da leitura do texto de Watson, como se deu a formulação inicial do controle do comportamento por meio de estímulos ambientais e como, com o despontar dessa nova perspectiva, foram deslocados: primeiro, o interesse sobre a consciência para o interesse sobre o comportamento e, segundo, a modificação de metodologia que, da introspecção, ampliou-se para os próprios métodos da Física e das ciências naturais porque, na perspectiva de Watson, as leis que governam o homem devem ser entendidas como as mesmas leis universais que governam todos os fenômenos naturais.

Dessa maneira, o Behaviorismo representou uma corajosa tentativa de transformar a Psicologia em ciência natural, abandonando os estudos sobre a consciência, conforme foi pesquisada pelas escolas que o precediam, voltando-se, exclusivamente, para o comportamento objetivo.

É evidente que na primeira década do século XX, nos Estados Unidos, foi favorecida a forma pragmática de lidar com a realidade e com o ser humano nela inserido, portanto o sucesso do Behaviorismo se deveu ao fato de lidar com fenômenos observáveis, controláveis e mensuráveis. A ciência estava sendo pensada em termos objetivos e o comportamento humano sendo explicado pelo êxito das respostas.

Watson definiu a força da aprendizagem no desenvolvimento da personalidade e essa posição remonta ao lastro empírico que sustentava a visão de homem na qual a aquisição do conhecimento e as próprias funções intelectuais são consequência da experiência. Por exemplo: ao trabalhar com crianças, Watson constatou três formas congênitas de comportamento: medo (ligado à sensação de desequilíbrio), cólera (observável desde o décimo dia de vida e ligada ao impedimento de movimento) e amor (relacionado a embalos e carícias); todos os demais comportamentos que compõem a personalidade são aprendidos por meio de condicionamento.

Durante sua vida, Watson congregou tanto adeptos quanto inimigos, igualmente inteligentes e críticos. Quando sua segunda esposa faleceu, iniciou um período reservado, voltou a morar no campo, foi homenageado pela APA e morreu por volta dos oitenta anos, convicto de sua teoria, mas aparentemente distante dos filhos e dos amigos.

A Filosofia Empírica, em sua preocupação com o processo de aquisição de conhecimento, desembocou na teoria das associações de ideias. Aliás, você deverá se lembrar nesse momento do texto em que Aristóteles, citado por Gaarder (1995), já havia observado que "uma coisa faz a gente lembrar outras".

O empirista defendia a ideia de que o nosso conhecimento do mundo, das coisas e das pessoas era construído por meio do acúmulo de sensações. A atenção dos pensadores empíricos estava voltada para os processos das percepções específicas, que pouco a pouco iluminaram a discussão filosófica pela vertente da conexão, causalidade e associação, permitindo pensar a aprendizagem e o desenvolvimento de processos superiores constituídos, sobretudo, pela combinação de elementos mentais supostamente irredutíveis.

O que podemos notar, nesse breve retorno à Filosofia, é que os pensadores do Empirismo se preocupavam em descobrir leis naturais em um mundo de acontecimentos naturais e observáveis. O Empirismo e o Associacionismo podem ser consideradas as principais fontes de preparação filosófica para a psicologia científica.

Além do caminho que a Filosofia abria, havia a força da pesquisa em psicologia animal, na qual alguns nomes, além do próprio Watson, devem ser apontados, como Edward Lee Thorndike (1874-1949), pois foi ele quem, de fato, introduziu a investigação experimental com animais em condições controladas de laboratório. Thorndike criou a abordagem experimental do Associacionismo ou Conexionismo.

Por meio dos experimentos que realizava, ele percebeu que:

> (...) todo e qualquer ato que, numa dada situação, produz satisfação, associa-se a essa situação, de modo que, quando a situação se repete, a probabilidade de se repetir o ato é maior. Ou ao contrário, todo e qualquer ato que, numa situação dada, produz desagrado, dissocia-se da situação, de modo que, quando a situação reaparece, a probabilidade de repetição do ato é menor do que antes. (Thorndike, 1905, p. 203)

Observou também que, quanto mais a resposta for usada na situação, mais fortemente ficará associada a ela. O contrário também vale, ou seja, o desuso prolongado da resposta tende a enfraquecer a situação. É a chamada Lei do Efeito. Foi ele quem descobriu também que, além da simples repetição, o que mantém de fato o comportamento é a recompensa que vem depois da resposta.

Não podemos deixar de apontar o trabalho experimental realizado em psicologia animal por Ivan Petrovich Pavlov (1849-1936), que se dedicou a pesquisar itens como a função dos nervos do coração, as glândulas digestivas e os centros nervosos superiores do cérebro. Foi durante esse último estudo que, acidentalmente, Pavlov descobriu algo que mudou de maneira radical sua carreira e influenciou o desenvolvimento da Psicologia. Durante suas investigações sobre glândulas digestivas, Pavlov usou o método de exposição cirúrgica dos sujeitos (cães) para poder coletar e medir as secreções digestivas fora do corpo do animal. Ele observava que a saliva era produzida involuntariamente quando o alimento era colocado na boca do cão. Observou também que, às vezes, antes de o alimento ser colocado na boca, o animal salivava e, além disso, constatou que a salivação do animal aumentava quando via o alimento ou mesmo quando ouvia os passos dos assistentes. Então ele pensou que o reflexo da salivação tinha ficado de algum modo ligado ou condicionado aos estímulos que anteriormente estiveram associados ao alimento. Nesse processo houve aprendizagem ou condicionamento.

Podemos entender, portanto, que o condicionamento só ocorrerá se o estímulo neutro for acompanhado pelo alimento um certo número de vezes, logo, o reforço (ser alimentado) é determinante e necessário para que a aprendizagem ocorra.

O behaviorismo descreve dois tipos de comportamentos:
- **Comportamento reflexo ou respondente**: é a categoria de comportamento que inclui todas as respostas do ser humano e de muitos organismos que são eliciadas ou produzidas por modificações especiais de estímulos do ambiente. Por exemplo: luz forte – contração da pupila; descascar cebolas – lágrimas; ar frio – arrepio etc.
- **Comportamento operante**: abrange a maior quantidade de respostas da atividade humana, desde o espernear e o balbuciar do bebê até o mais complicado poder de raciocínio adulto. Inclui todos os movimentos de um organismo que tem algum efeito sobre o mundo. O comportamento atua direta ou indiretamente sobre o mundo. Por exemplo: pegar uma caneta, pedir uma caneta, falar ao telefone, cantar uma música, resolver um problema, enfim, nos atos da vida cotidiana encontramos a ação do comportamento operante.

Compreendido a partir daí, tanto o comportamento quanto a personalidade das pessoas podem ser entendidos a partir da aprendizagem:

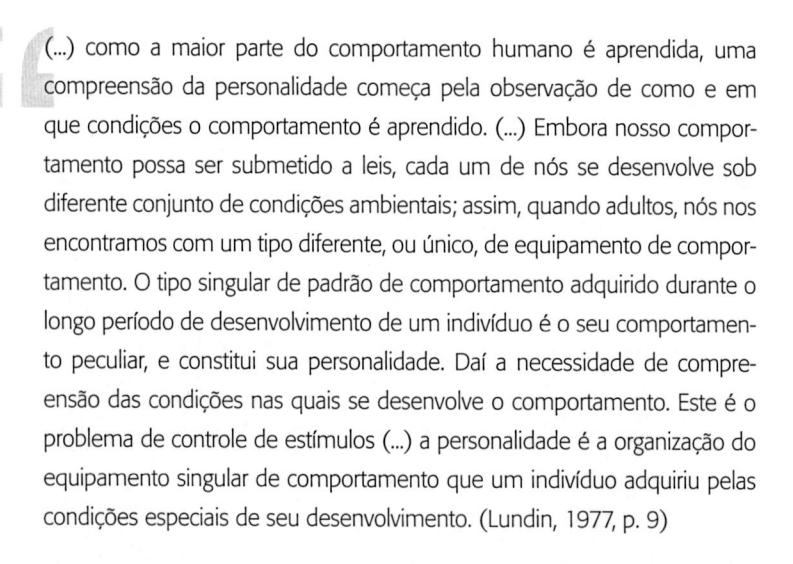

> (...) como a maior parte do comportamento humano é aprendida, uma compreensão da personalidade começa pela observação de como e em que condições o comportamento é aprendido. (...) Embora nosso comportamento possa ser submetido a leis, cada um de nós se desenvolve sob diferente conjunto de condições ambientais; assim, quando adultos, nós nos encontramos com um tipo diferente, ou único, de equipamento de comportamento. O tipo singular de padrão de comportamento adquirido durante o longo período de desenvolvimento de um indivíduo é o seu comportamento peculiar, e constitui sua personalidade. Daí a necessidade de compreensão das condições nas quais se desenvolve o comportamento. Este é o problema de controle de estímulos (...) a personalidade é a organização do equipamento singular de comportamento que um indivíduo adquiriu pelas condições especiais de seu desenvolvimento. (Lundin, 1977, p. 9)

Na verdade, para entendermos mais sobre o acúmulo de respostas que formam, nessa corrente psicológica, nossa personalidade, temos necessariamente de acompanhar a evolução do próprio Behaviorismo e encontrar o mais conhecido behaviorista de nosso tempo: Burruhs Frederich Skinner (1904-1989). Você não deverá esquecer esse nome.

Skinner, ao contrário de Watson, cresceu em uma família afetiva que lhe deu segurança, estabilidade e espaço para que desenvolvesse suas aptidões e habilidades, desde criança. Formou-se em Letras e, após conhecer a teoria de Watson, encaminhou-se para a Psicologia indo diretamente para a pós-graduação, que completou com brilhantismo (doutorado e pós-doutorado), e começou a trabalhar em universidades, primeiro na Universidade de Minnesota, depois na de Indiana e mais tarde na de Harvard.

Sua tese de doutorado pela Universidade de Harvard, em 1931, tem um papel fantástico e revitalizador no pensamento de Watson. Ao trabalhar com dados empíricos e indutivos, ele explicava que nunca havia tratado de um problema

> (...) pela hipótese. Nunca deduzi teoremas, nem os submeti à prova experimental. Pelo que sei, eu não tinha um modelo preconcebido de comportamento – certamente não um modelo fisiológico e mentalista, e, creio eu, tampouco conceitual. (Skinner, 1956, p. 227)

Segundo Skinner, em entrevista a Evans:

> Eu definiria comportamento como o movimento de um organismo no espaço com respeito a ele mesmo, ou a qualquer outro quadro de referência. Este é um modo bastante específico de definir o comportamento e a maioria das pessoas prefere uma descrição mais geral, usando termos como "ajustamento", "adaptação", "desenvolvimento homeostático" e outros. (...) Se você deseja identificar causas manipuláveis, precisa isolá-las e depois testá-las você mesmo, manipulando-as e observando o que acontece. Se se tratar de uma situação em que você pode observar a frequência com que um animal ou um homem se engaja numa dada atividade, então você pode procurar todas as variáveis das quais aquela freqüência é função. (Evans, 1979, p. 113)

Skinner voltou-se para o estudo das respostas e para a descrição do comportamento. Para ele, a teoria se faz após dados colhidos e comprovados. Apontaremos alguns termos específicos que identificam o texto behaviorista em sua origem:

- **Reforços Positivos:** inclui os estímulos que, quando apresentados, atuam para fortalecer o comportamento que os precede, funcionam para aumentar a frequência de respostas desejadas. Exemplo: elogios.
- **Reforços Negativos:** são os estímulos que fortalecem as respostas que o removem e que também enfraquecem a resposta que o produz. Exemplo: o comportamento de tirar o casaco porque está muito calor diminui a força do estímulo ao calor.
- **Extinção do Comportamento:** para que ocorra a extinção do comportamento já condicionado, é preciso que aconteça a suspensão do reforço.
- **Punição:** refere-se à apresentação de um estímulo conhecidamente aversivo, após a ocorrência do comportamento inadequado ou pela negação do reforçador positivo. Pode ser utilizada com o objetivo de reduzir tendências em determinados comportamentos. Exemplo: censurar, multar etc. Os efeitos da punição não são opostos aos da recompensa. A punição suprime temporariamente um comportamento e, quando esta é suspensa, as respostas reaparecem com o tempo.

Observe esta frase de Skinner:

> A civilização tem caminhado do controle aversivo para uma abordagem positivista. Hoje há apenas alguns lugares no mundo onde a escravidão ainda é praticada, onde o trabalho é feito debaixo do chicote. Nós substituímos a punição física pelo pagamento de salários e andamos preocupados em achar outros reforçadores. (Evans, 1979, p.117)

A evolução do Behaviorismo criou intrincados conceitos, como "generalização de respostas", "discriminação de respostas", "modelagem de comportamento" etc. Conceitos profundos e intrigantes que você deverá discutir ao longo de sua formação.

Para Skinner, o homem deveria ser entendido em função e como consequência das influências ou forças existentes no meio. Além disso, o ambiente social – chamado cultura – era o responsável em dar forma e preservar o comportamento dos que nela viviam. Leia com atenção essa afirmação de Skinner:

> Para ser forte, uma cultura precisa transmitir-se; precisa dar às crianças seu acúmulo de conhecimentos, aptidões e práticas sociais e étnicas. Grandes pensadores construíram sobre o passado, em lugar de perder tempo em redescobri-los. A fim de que as escolas realizem seu propósito, um controle efetivo do comportamento precisa ser obtido por meio de técnicas especiais. Ensinar é simplesmente o arranjo de contingências de reforço sob as quais estudantes aprendem. Embora estudantes aprendam em seus ambientes naturais, é responsabilidade do professor apressar e assegurar a aquisição de comportamento. (Milhollan e Forisha, 1978, p. 110-11)

A educação, na perspectiva behaviorista, está ligada à transmissão cultural, portanto cabe à escola transmitir valores éticos, morais e sociais, objetivando promover mudanças nos indivíduos. Isso envolve tanto a aquisição de novos comportamentos quanto a modificação dos já existentes:

> (...) o ensino, para Skinner, corresponde ao arranjo ou à disposição de contingências para uma aprendizagem eficaz. Esse arranjo, por sua vez, depende de elementos observáveis na presença dos quais o comportamento ocorre: um evento antecedente, uma resposta, um evento consequente (reforço) e fatores contextuais. (Mizukami, 1986, p. 30)

Para Skinner, ensinar envolve arranjar as contingências de reforço e cabe ao professor apressar e assegurar a eficaz aquisição de comportamentos novos e a manutenção de comportamentos já adquiridos na história de condicionamentos de cada indivíduo. Do pensamento skinneriano surgem, no universo do ensino-aprendizagem, a estratégia de tecnologia do ensino que envolve desde a máquina de ensinar até a instrução programada.

Para conhecer melhor o pensamento de Skinner, você não pode deixar de ler a apresentação densa e consistente dos eixos de sustentação de sua teoria, em seu livro *Ciência e comportamento humano*.

Na clínica, além da prática terapêutica, a aplicação das técnicas de modificação de comportamento é bastante utilizada no trabalho com famílias, crianças e deficientes mentais, sempre tendo como enfoque teórico e de objeto de pesquisa o comportamento. O profissional envolvido com a prática clínica apoiada no pensamento behaviorista deve conceber, com clareza, a ideia de que o ambiente é soberano na construção da personalidade humana e deve adentrar o mundo das técnicas que envolvam análise, previsão e modelagem de comportamento por meio de esquemas de reforçamento.

Skinner morreu aos 86 anos, com diagnóstico de leucemia, trabalhando sem interrupção. Oito dias antes de falecer apresentou um trabalho na APA, e seus últimos estudos destinavam-se a combater o movimento cognitivista.

Quando soube do diagnóstico e da proximidade da morte, Skinner respondeu a um entrevistador:

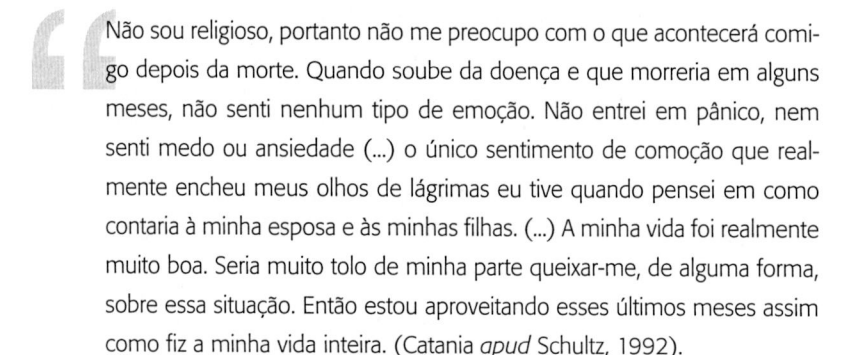

> Não sou religioso, portanto não me preocupo com o que acontecerá comigo depois da morte. Quando soube da doença e que morreria em alguns meses, não senti nenhum tipo de emoção. Não entrei em pânico, nem senti medo ou ansiedade (...) o único sentimento de comoção que realmente encheu meus olhos de lágrimas eu tive quando pensei em como contaria à minha esposa e às minhas filhas. (...) A minha vida foi realmente muito boa. Seria muito tolo de minha parte queixar-me, de alguma forma, sobre essa situação. Então estou aproveitando esses últimos meses assim como fiz a minha vida inteira. (Catania *apud* Schultz, 1992).

A filosofia de vida de Skinner é transparente porque ele apresenta uma clareza de pensamento difícil de encontrar nos grandes intelectuais. Por isso tomamos a liberdade de recomendar a leitura do livro *Walden Two: uma sociedade do futuro* (1ª edição em 1945). Este livro deve ser lido por todo psicólogo, independentemente de suas escolhas teóricas. Trata-se de uma aventura utópica por meio da visita, de um grupo de cientistas de diferentes áreas, a uma sociedade criada nos padrões behavioristas, chamada *Walden Two*, nome inspirado no livro *Walden, ou a vida nos bosques* (1ª edição em 1854), escrito pelo filósofo Henry D. Thoreau. Em *Walden Two*, a vida é conduzida no sistema da análise experimental do comportamento, por meio dos quais a criança e sua educação, a constituição familiar, as relações de trabalho, de poder e o consumismo são apresentadas de maneira encantadoramente diferente ao leitor. O aproveitamento dos recursos naturais, dos potenciais humanos naturais, a proposta da não inserção na lei da oferta e da procura e o papel da arte na saúde mental da sociedade também são contemplados na proposta dessa comunidade utópica. Tente ler.

O "manifesto behaviorista" de Watson, e o refinamento da teoria realizado por Skinner, alicerçaram algumas das bases para o nascimento de uma importante corrente de trabalho em Psicologia na atualidade, denominada Teoria Comportamental e Cognitiva.

## Eco na atualidade: a perspectiva comportamental e cognitiva

Um importante precursor da área foi Albert Bandura, nascido em 1925. Bandura, professor da Universidade de Stanford, Canadá, rediscutiu os conceitos do Behaviorismo radical, tal como proposto por Skinner, e apresentou o papel dos aspectos cognitivos que se dão nas relações sociais como sendo os fatores realmente relevantes na estruturação da personalidade da pessoa, afirmando que ela é capaz de se autorregular pelo processo de aprendizagem. Outro nome historicamente importante nessa área foi o de Julio Rotter, nascido em 1916, em Nova York, que enfatizava (até mais que Bandura) o papel dos processos cognitivos e subjetivos na construção do comportamento. Pesquise e leia sobre a Teoria Social Cognitiva desenvolvida por Bandura e sobre as pesquisas acerca de processos cognitivos, realizadas por Rotter.

Ao mesmo tempo, é muito importante que você entre em contato com uma proposta da Psicologia Cognitiva que também forneça elementos teóricos para a Psicologia comportamental e cognitiva, tal qual a conhecemos atualmente.

A Psicologia Cognitiva integra algumas posições teóricas das décadas de 1930 a 1950 e traz para o movimento o próprio Bandura. É considerada:

> uma corrente que julga impossível entender-se as relações *input/output* registradas no comportamento humano sem se levar em conta as estratégias e regras que determinado sujeito está usando quando diante de certa situação de impasse. (Greene *apud* Penna, 1984)

Seus estudos, de acordo com Penna (1984), centram-se na pesquisa da extração, estocagem, processamento, recuperação e utilização de informações por meio do estudo dos processos psíquicos de percepção, atenção, memória, linguagem, pensamento, imaginação etc. Ou seja, o movimento cognitivista é marcado pela compreensão dos fenômenos psíquicos como pilares de construção do mundo mental humano, entendendo o mundo psíquico como ativo (e não somente receptivo como o Behaviorismo propunha até então). Para o Cognitivismo, os processos psíquicos ordenam e coordenam o comportamento, dando significado à permanente estimulação à qual a pessoa é submetida dentro da realidade com a qual o sujeito está interagindo.

Nomes como Jeromme Bruner e David Ausubel, na década de 1960, fazem parte da construção do Cognitivismo. Procure saber mais sobre eles e sobre como estudaram o papel dos processos psíquicos e, consequentemente, da aquisição de conhecimento. No entanto, optamos por apresentar dois nomes mais recentes e mais estudados atualmente, em especial pelas pesquisas sobre a construção da inteligência, que envolve todos os processos psíquicos em articulação.

Trata-se de estudiosos brilhantes com os quais você irá ter ricos encontros ao longo de sua formação: o primeiro nome é Jean Piaget, suíço. Viveu entre 1896 e 1980 e deixou, na História da Psicologia, talvez a mais harmoniosa teoria sobre o processo de construção da inteligência humana, descrevendo os processos pelos quais a pessoa, naturalmente curiosa por aprender e suportada pelo desenvolvimento biológico, desenvolve seu potencial inteligente, por meio de refinados esquemas de assimilação, acomodação e equilíbrio das informações que recebe do meio. Estudou durante sua vida as diferentes maneiras como as crianças constroem noções de lógica e desenvolveu um conjunto de conceitos que se apoiam na soberania do biológico para a construção do conhecimento. Apesar de estudar a aquisição do conhecimento apoiado na força da estrutura biológica, ele não se considera inatista nem empirista, autodenominando-se interacionista. Estude Jean Piaget com seriedade, quando entrar em contato com as Teorias do Desenvolvimento em Psicologia. Sugerimos a leitura do livro *O nascimento da inteligência na criança*.

Assim como Piaget, você deverá conhecer o pensamento de Lev Semenovich Vigotsky, estudioso que viveu na Rússia entre 1896 e 1934, e deixou um material importante sobre a construção do conhecimento individual a partir da interação social. Para ele, diferentemente de Piaget, os fatores biológicos vão perdendo a soberania na construção do conhecimento logo após o nascimento, quando as interações sociais com adultos, crianças maiores e instrumentais próprios de cada cultura começam a sustentar o desenvolvimento do pensamento e do comportamento da criança. Vigotsky é denominado sociointeracionista. Você irá entrar em contato com sua teoria especialmente quando estudar Psicologia e Educação. Leia, pelo menos, dois dos livros de Vigotsky: *A formação social da mente* e *Pensamento e linguagem*.

Apresentaremos a seguir a forma clínica de trabalho na perspectiva comportamental e cognitiva, denominada Terapia Comportamental e Cognitiva, que ganhou força na década de 1970, em especial pela utilização de suas técnicas em tratamentos de pacientes com diagnósticos de neuroses, como fobias, obsessões e disfunções sexuais. Os denominados "problemas psicológicos", nessa perspectiva, são compreendidos na articulação comportamento-afeto-fisiologia e pela adoção de técnicas que envolvem auto-observação, autoavaliação e autorreforço; a pessoa em tratamento vai fazendo seu movimento particular de autorregulação.

Citaremos como campo de abertura para seu conhecimento Aaron Beck. Um dos nomes importantes ligados à Terapia Comportamental e Cognitiva leva em conta no tratamento o fato de que os pensamentos e as avaliações negativas em pacientes com quadros de depressão estão além da sintomatologia, mas também podem ser considerados fatores de manutenção da patologia; portanto, no processo de identificação e alteração desses comportamentos, pode acontecer a melhora da sintomatologia.

Leia com atenção o texto a seguir:

> A disseminação da chamada revolução cognitiva na pesquisa básica em Psicologia provocou também uma revolução cognitiva no behaviorismo. Os poucos modelos cognitivos como os de Ellis (1982), Bandura (1969; 1977; 1989) e Beck *et al.* (1977; 1985; 1990; 1993) foram sendo introduzidos e progressivamente aceitos.
>
> Desta forma, as terapias designadas de Terapias Cognitivo-Comportamentais (TCC), denominam-se assim porque constituem uma integração de conceitos e técnicas cognitivas e comportamentais. Atualmente dispõe-se de uma ampla gama de tratamento para diversos problemas psiquiátricos tais como transtornos de ansiedade, depressão, disfunções sexuais, distúrbios obsessivos-compulsivos e alimentares (Hawton *et al.*, 1997; Biggs e Rush, 1999). Na abordagem cognitivo-comportamental, têm-se desenvolvido muitos trabalhos de pesquisa a fim de se verificar experimentalmente a eficácia dos diversos tipos de tratamento.
>
> Ao longo dos anos de pesquisa foram desenvolvidas e testadas diversas formas de tratamentos na TCC. As terapias utilizadas diferem umas das outras de acordo com o enfoque predominantemente cognitivo ou comportamental.
>
> Apesar da diversidade destas terapias, todas compartilham do mesmo pressuposto teórico, ou seja, que mudanças terapêuticas acontecem na medida em que ocorrem alterações nos modos disfuncionais de pensamento. Neste ponto de vista, o mundo é considerado como constituinte de uma série de eventos que podem ser classificados como neutros positivos e negativos, no entanto a avaliação cognitiva que o sujeito faz destes acontecimentos é o que determina o tipo de resposta que será dada na forma de sentimentos e comportamentos. Desta forma, a TCC dá uma grande ênfase aos pensamentos do paciente e a forma como este interpreta o mundo.
>
> A Terapia Cognitivo-Comportamental centra-se nos problemas que estão sendo apresentados pelo paciente no momento em que este

procura a terapia, sendo que seu objetivo é ajudá-lo a aprender novas estratégias para atuar no ambiente de forma a promover mudanças necessárias.

A metodologia utilizada na terapia é de uma cooperação entre o terapeuta e o paciente de forma que as estratégias para a superação de problemas concretos são planejadas em conjunto. Na Terapia Cognitivo-Comportamental procura-se definir claramente objetivos, especificando-os de acordo com os problemas e questões trazidas pelo paciente.

O ponto de partida do tratamento é a fonte de sofrimento do paciente, ou seja, a partir das distorções que estão ocorrendo na forma do sujeito avaliar a si mesmo e ao mundo.

Denomina-se "esquemas" a base para a avaliação das experiências. As estruturas cognitivas organizam-se em níveis nos quais os esquemas encontram-se no núcleo. Durante a terapia, procura-se explorar cada um destes níveis de organização, partindo dos pensamentos automáticos até chegar ao sistema de crenças do sujeito. Então as crenças são testadas a partir de argumentos e propostas de exercícios que o paciente realizará durante a terapia e em demais contextos (Shinohara, 1997).

Um dos objetivos da TCC é corrigir as distorções cognitivas que estão gerando problemas ao indivíduo e fazer com que este desenvolva meios eficazes para enfrentá-los. Para tanto, são utilizadas técnicas cognitivas que buscam identificar os pensamentos automáticos, testar estes pensamentos e substituir as distorções cognitivas. As técnicas comportamentais são empregadas para modificar condutas inadequadas relacionadas com o transtorno psiquiátrico em questão. (Bahls, Navolar, 2004)

## Eco na atualidade: Neuropsicologia

Definimos apresentar, dentro deste capítulo, um campo de estudos que também se aproxima da raiz behaviorista e que você deverá estudar minuciosamente ao longo de sua formação. Uma área nova e nobre denominada Neuropsicologia.

A Neuropsicologia estuda os distúrbios dos processos psíquicos e que são produzidos por algum tipo de alteração cerebral. É uma área que se afina com a neurologia, com a neurociência comportamental e com a neurociência cognitiva, investigando as funções cognitivas e também afetivas:

> Se o homem aprende, age, fala, recorda-se e pensa desde milênios atrás, sabe-se somente há um pouco mais de cem anos que essas atividades elaboram-se ao nível da substância cinza dos dois hemisférios cerebrais. O estudo das lesões espontâneas localizadas e de resseções parciais do cérebro permitiu demonstrar – o que absolutamente não estava evidenciado – que as diversas partes dos hemisférios não possuem a mesma função e que existe uma organização cerebral, com algumas variantes próximas, que é idêntica em todos os indivíduos. (Barbizet e Duizabo, 1995, p. 9)

Dessa maneira, a Neuropsicologia irá atentar para as questões voltadas aos processos psíquicos de percepção, atenção, memória, linguagem, raciocínio e a relação desses processos com as estruturas cerebrais. Desenvolve formas de avaliação do funcionamento dessas estruturas e processos, que são de extrema importância na ação diagnóstica, e propõe técnicas de reabilitação que visam à adaptação mais saudável possível do sujeito à realidade. É uma área minuciosa e exige aptidões específicas e refinadas do psicólogo que a ela se dedica.

CAPÍTULO 6

# As ramificações da nova ciência

A tentativa de consolidar a Psicologia pelo estudo de comportamentos observáveis sob as leis dos condicionamentos firmaram as bases de uma Psicologia científica objetiva. Essa tentativa foi muito importante para o progresso da Ciência em sua época, mas mesmo assim o Behaviorismo norte-americano, da mesma maneira que as escolas Estrutural e Funcional, sofreu questionamentos especialmente em relação à visão de homem por elas propostas. Foi assim que apareceu, no cenário da Psicologia, um movimento novo, desenvolvido na terra natal da Psicologia, denominado Gestalt.

## Gestalt: *Max Wertheimer (1880-1943), Wolfgang Köhler (1887-1967) e Kurt Koffka (1886-1941)*

Essa Escola surgiu com o objetivo de questionar e fazer oposição à forma norte-americana de Psicologia. Partiu de uma concepção diferente de homem, descrito não só como transformador da realidade mas que também se observa nessa função, e desenvolveu, a princípio e de maneira muito coerente, estudos sobre o processo psíquico da percepção.

A base filosófica da nova vertente da Psicologia está apoiada, especialmente, no pensamento do filósofo alemão Immanuel Kant (1724-1804). É importante que você conheça a obra desse filósofo que se contrapôs à filosofia empirista.

Kant defendia a ideia de que o conjunto de impressões recebido pelos órgãos dos sentidos não constitui em si o processo perceptivo. A ênfase de seu pensamento está em que estes elementos sensoriais são arranjados de forma particular na mente e, no seu arranjo, subsidiam uma experiência única e pessoal. O interessante de seu pensamento é afirmar que algumas experiências mentais são inatas, como por exemplo a noção de espaço e tempo. Ou seja, estes existem *a priori* no mundo mental e não dependem da experiência sensorial, como se fossem intuitivamente e previamente conhecidas pela pessoa.

Além de Kant, o filósofo Franz Brentano (1838-1917) entendia que a Psicologia deveria estudar o ato de experimentar e não apenas o conteúdo da experiência. Esse pensamento abriu caminho para um campo amplo e flexível de pesquisa, assim como para o movimento fenomenológico do início do século XX. Com este lastro filosófico, três grandes nomes estão ligados ao nascimento da Gestalt. Você não poderá esquecê-los.

Primeiro apresentamos Wertheimer. Nascido em Praga, estudou Filosofia e Psicologia na Universidade de Berlim e iniciou sua vida acadêmica como professor e pesquisador da Universidade de Frankfurt. Ao refugiar-se do nazismo nos Estados Unidos, manteve seu trabalho em Nova York em uma instituição chamada Nova Escola para Pesquisas Sociais.

Em seguida, apresentamos Koffka, que nasceu em Berlim, formou-se na Universidade dessa cidade e trabalhou com Wertheimer e Köhller na Universidade de Frankfurt. Lecionou na Universidade de Giesen, trabalhou em clínica psiquiátrica e escreveu diversos artigos e livros. Também imigrou para os Estados Unidos, lecionando nas Universidades de Cornell, Wisconsin, estabelecendo-se na Smith College, em Massachusetts, onde trabalhou até sua morte.

E, finalmente, apresentamos Köhler. Nascido na Estônia, ainda criança mudou-se para a Alemanha, doutorou-se na Universidade de Berlim e trabalhou na Universidade de Frankfurt. No exterior, realizou experiências importantes com chimpanzés que se tornaram famosas. De volta à Alemanha, trabalhou na Universidade de Berlim, embora fosse aos Estados Unidos para cursos e palestras, tanto na Universidade de Harvard quanto na Clark. Casou-se, teve quatro filhos, divorciou-se e foi suspeito de trabalhar como espião alemão. Corajoso, expôs publicamente suas opiniões contra o regime nazista, que demitiu os professores judeus da universidade na qual trabalhava, quando a maioria dos acadêmicos, seus colegas, apoiava a decisão de Hitler. Novamente nos Estados Unidos, lecionou na Swarthmore College, na Pensilvânia. Em 1959 foi eleito presidente da APA.

Conforme observamos, os três pesquisadores, em algum momento após a ascensão do regime nazista na Alemanha, emigraram para os Estados Unidos: Wertheimer estabeleceu-se em Nova York; Koffka, em Massachusetts e Köhler, na Pensilvânia, onde, apesar das dificuldades com o idioma, filiaram-se a universidades e continuaram desenvolvendo suas pesquisas, além de conviverem com a psicologia norte-americana. Escreveram importantes artigos e livros, além de pesquisarem a percepção do movimento aparente, a constância perceptiva e a aprendizagem, e se envolveram tanto com pesquisas com animais, no caso de Köhler, quanto com os estudos sobre o pensamento produtivo em seres humanos, no caso de Wertheimer.

Considerando o córtex cerebral um sistema dinâmico em que os diversos elementos da sensação interagem de inúmeras maneiras, a teoria desenvolvida por eles compreende o processo de percepção como uma relação entre a experiência psicológica e a cerebral, ou seja, para a Gestalt, a percepção da realidade não é entendida como uma cópia da sensação e essa definição envolve conhecimentos de Física, Química e Biologia, sobre os quais os três autores se debruçaram, cada um a seu tempo.

> A palavra Gestalt causou consideráveis dificuldades porque não indica com clareza, ao contrário do funcionalismo ou do comportamentalismo, o que o movimento representa. Além disso, não tem um equivalente exato em outras línguas. (Schultz, 1992, p. 305)

A definição mais geral e finalmente adotada pelos psicólogos envolve, além do aspecto da forma, o estudo dos processos de aprendizagem, recordação, percepção, impulso, atitude emocional, pensamento, ação etc. Na verdade, o movimento gestaltista reacendeu o pensamento psicológico, reanimou as pesquisas e relocalizou o sujeito intrapsíquico nas discussões em Psicologia, dando consistência ao estudo da percepção e da aprendizagem. O princípio regente é a lei da boa forma – *gute Gestalt*.

A Psicologia da Gestalt faz uma forte crítica ao Estruturalismo, ao Funcionalismo e ao Behaviorismo, atacando o associacionismo presente nessas linhas da Psicologia. Seus estudos sobre percepção apresentam de maneira aprofundada a compreensão sobre o comportamento humano em bases filosófico-conceituais completamente diferentes daquelas sustentadas pela teoria behaviorista. Afinal, quando se dá um estímulo a um grupo de pessoas, todos o percebem da mesma maneira? Olhe bem para este modelo clássico, na imagem. Você vê uma velha? Uma moça? O que você viu primeiro? Não conseguiu distinguir? Mostre para outra pessoa. De que maneira ela percebe?

Observe como o ponto de vista da Gestalt é interessante: essa escola irá defender que uma imagem (pode ser outro tipo de sensação, como auditiva) não é resultado da estimulação da retina por diversos pontos; na verdade, o que existe é uma organização interna, que ocorre no cérebro e que determinará nossa percepção do estímulo. Ou seja, sensação não é percepção.

A sensação depende dos órgãos dos sentidos, que nos colocam em contato com o mundo, fornecendo ao cérebro uma gama de informações sobre nosso ambiente. A tarefa do cérebro, então, é apreender esse material e usá-lo para compreender melhor o ambiente. O cérebro realiza seu trabalho de forma tão regular e eficiente que nem sempre tomamos conhecimento do elaborado processo que houve. A sensação é o processo sensorial básico pelo qual os estímulos são detectados, identificados e medidos e apenas revela ou transporta a informação. Não importa qual sensação esteja sendo descrita, pois parece ser necessária certa sequência de eventos para que o sentido opere. Primeiro, algum estímulo apropriado a esse sentido precisa estar presente em intensidade suficiente para dar início à recepção. Esse sinal é detectado por um receptor (nervo com extremidade especializada para tal tarefa) e, ao ser transmitido, ativa determinada parte do encéfalo, que o registra como uma sensação. Portanto, somente depois que o sinal alcançou o encéfalo é que a sensação ocorre.

Como tipos de processos sensoriais, temos: sentidos químicos (visão, audição, olfato e paladar); sentidos cutâneos (tato); sentidos cinestésicos (localizados nos músculos, articulações e tendões, os quais proporcionam informação sobre a atividade e a posição do corpo no espaço) e sentido de equilíbrio (ouvido interno).

A partir da sensação, é possível o desencadeamento de processos psíquicos extremamente refinados e complicados e o primeiro deles é a Percepção. A tarefa do cérebro é apreender a estimulação a qual é submetido e usar esse material para melhor compreender o ambiente por meio do processo da percepção.

É possível pensarmos que ver, ouvir, sentir, não são aprendidos e, portanto, se nos baseássemos apenas nesses sentidos para nos orientarmos no mundo, seríamos seres muito vulneráveis; por isso, é necessário aprender a interpretar e ordenar essas sensações de forma que o ambiente se torne seguro e minimamente previsível.

Nossa experiência anterior com o ambiente faz parte de nossas percepções assim como nosso estado emocional atual e nossas necessidades, gostos e desejos, o que torna nossa experiência claramente seletiva, e essa seleção ocorre, sobretudo, por meio de fatores externos. Estes dependem do padrão do estímulo simples apresentado, como: mudança na situação de estimulação como som-ruído, claro-escuro, movimento, repetição, tamanho (título do jornal, por exemplo), intensidade (cor, brilho, agudo, cor etc.); e de fatores internos: os que envolvem a interpretação do estímulo. A pessoa que percebe esses estímulos do meio não atua de forma neutra diante deles, razão pela qual diferentes pessoas reagem de distintas maneiras às mesmas sensações.

Os fatores internos levam os indivíduos a perceber coisas diferentes da realidade, o que não acontece com os fatores externos, e nisso reside a diferença, pois, enquanto cada indivíduo possui um grupo único de fatores internos que influenciam uma situação perceptual, os fatores externos são idênticos para todos os membros de determinada sociedade.

A percepção é regida por algumas leis, entre as quais citamos, para que você comece a ter contato com a terminologia da Gestalt: Figura-Fundo; Agrupamento, Familiaridade e Constância do Objeto.

Na lei da Figura-Fundo, defende-se a tese de que tendemos a perceber melhor coisas que se destacam sobre um fundo (volte à fig.1). Quando não podemos separar a figura do fundo, não conseguimos ver o objeto para o qual estamos olhando; só podemos distinguir figura e fundo por causa de nossa habilidade de perceber contornos. Os contornos separam uma coisa de outra, um objeto de seu fundo, um tema musical de seu acompanhamento etc. Na lei do Agrupamento, observa-se um movimento natural de agrupar coisas em conjuntos ou padrões, e, na da Familiaridade, nosso processo perceptual supera as falhas da figura, fornecendo-nos ainda as linhas de contorno necessárias para completá-la; para que haja uma adequada adaptação à realidade é necessário que se desenvolva uma percepção constante e imutável, apesar das sensações continuamente modificadas que os órgãos sensoriais recebem. A Constância de cada uma das propriedades de um objeto é considerada e estudada separadamente das outras para fins de estudo: por exemplo, constância de brilho, cor, tamanho, formato, localização. Em resumo temos uma base biológica da percepção, uma base de aprendizagem da percepção e, como fatores fundamentais de interferência, a história prévia de conhecimento (o indivíduo tende a perceber primeiro o que ele já conhece), interesse e motivação que podem levar à pré-seleção dos estímulos, história afetiva prévia e história afetiva atual.

Voltemos a um dos três teóricos fundadores da Gestalt. Para Köhler, autor de *Psicologia da Gestalt* (1968), há dois tipos de comportamento: o comportamento molar que diz respeito às ações do sujeito no ambiente (andar, dedicar-se a atividades, relacionar-se) e comportamento molecular (aquele que ocorre no organismo, trajeto do estímulo através dos nervos).

Para Köhler, a Psicologia deve estudar o comportamento molar, pois envolve a compreensão da ação que a pessoa está desenvolvendo em um contexto ambiental, como a atividade de um aluno em sala de aula ou a atividade de uma mulher fazendo compras no supermercado, ou seja: o contexto ambiental no qual ocorre a ação deve ser bem observado e entendido pelo psicólogo. Esse autor descreve dois tipos de ambientes: o ambiente geográfico e o ambiente comportamental.

Para exemplificar os dois tipos de ambientes, em citação de Keller (1973), encontramos a descrição da relação entre o comportamento e a percepção do ambiente. O livro exemplifica com uma lenda alemã sobre um cavaleiro solitário que chega a uma hospedaria, depois de muitas horas cavalgando sob forte tempestade e atravessando uma planície coberta de neve. O dono da hospedaria fica bastante surpreso ao ver o viajante e pergunta de qual direção ele vinha. O viajante responde, descrevendo o trajeto, e o dono da hospedaria fica muito assustado e explica ao viajante que ele havia cavalgado pela superfície gelada de um lago. O cavaleiro fica tão apavorado ao tomar consciência de que havia corrido sério risco ao cavalgar sobre uma camada de gelo que cai morto diante do estalajadeiro.

Percebe-se que o viajante dessa lenda, geograficamente, cavalgava sobre uma camada de gelo que recobria um lago enquanto comportamentalmente atravessava uma planície sólida. Ao pensar que cavalgava em chão firme, seu comportamento era o comportamento-em-relação-a-uma-planície. O ambiente comportamental é determinado, em parte, pelo ambiente geográfico, mas pode não corresponder realmente a ele; ou seja, o ambiente geográfico é percebido do ponto de vista do sujeito, o que significa que seu comportamento é dirigido diretamente pelo ambiente comportamental e indiretamente pelo geográfico.

O comportamento na Gestalt deve ser entendido no campo psicofísico e, talvez aqui esteja sua verdadeira definição como o estudo do comportamento em suas conexões causais com o campo psicofísico, abrangendo, nesse contexto, a percepção dos desejos, intenções, êxitos, frustrações, decepções, alegrias, ódios etc.

Ao pensarmos na Psicologia da Gestalt, não podemos esquecer que esta enfatiza o estudo do comportamento molar, que ocorre em um ambiente comportamental e que a organização geográfica dependerá do modo como o sujeito percebe. A qualidade da percepção é determinada tanto por fatores diretos da consciência quanto por fatores inconscientes que completam o campo psicofísico.

Organizando para a Gestalt:

- **Objeto de estudo**: organização perceptual;
- **Método utilizado**: envolve a instrospecção, como nas escolas anteriores, e a observação direta;
- **Problema**: determinar os tipos de organização do campo psicofísico e estudar suas relações com o campo geográfico entendendo o comportamento que resulta dessa interação.

No final do século XIX, a Psicologia da Gestalt era bastante forte na Alemanha e já começava a se impor nos Estados Unidos, ganhando espaço em Psicologia Infantil, Psiquiatria, Educação, Psicologia Aplicada e Sociologia, entre outras áreas que envolvem o estudo da vida mental humana. Em sua perspectiva, desenvolveu consistentes testes de personalidade e de inteligência, que ainda hoje são utilizados ou subsidiaram elaboradas atualizações e criações que integram os processos diagnósticos atuais em Psicologia.

No contexto da clínica, historicamente nasce um procedimento terapêutico denominado Gestalt-terapia, desenvolvido pelo médico psiquiatra alemão chamado Frederick S. Perls. Seu trabalho define o homem percebido como um todo dentro de um campo. Esse campo diz respeito à interação dos indivíduos com o ambiente.

O projeto da Gestalt-terapia defende que as pessoas possuem estruturas inatas idênticas, mas a diferença de compreensão e de comportamento são explicadas pelo momento no qual a percepção ocorre e em qual ambiente.

O enfoque do trabalho terapêutico está na consciência de como as coisas estão ocorrendo no momento, o que elimina o peso da interferência vivida no passado. Para a terapia, o sujeito saudável é aquele que vive no presente, responde e percebe de acordo com a situação, separa emocionalmente figura e fundo das situações e, assim, pode interagir de modo saudável com o meio. O passado deve fazer parte de uma Gestalt já fechada e cada situação atual deve ser compreendida como um movimento psicológico que alterna percepções de figura e fundo.

## Eco na atualidade: a Teoria de Campo – Kurt Lewin (1890-1947)

Também apoiada nessa Escola, surge a Teoria de Campo pelas obras de Kurt Lewin que, por ter trabalhado durante dez anos com Wertheimer, Koffka e Köhler na Universidade de Berlim, utiliza princípios gestaltistas na formulação de um novo conhecimento para o qual irá buscar bases metodológicas na Física. Nascido na Alemanha, Lewin estudou Matemática e Física e doutorou-se em Psicologia na Universidade de Berlim. Ao refugiar-se nos Estados Unidos – e parece ter sofrido muito ao tomar essa decisão –, trabalhou na Universidade de Cornell e depois na Universidade de Iowa.

Segundo alguns autores, é considerado uma das figuras mais importantes na psicologia contemporânea. Kurt Lewin desenvolveu trabalhos que pretendiam compreender o interjogo entre indivíduo e meio, com o objetivo de conhecer as leis que regem a organização psíquica da pessoa inserida nessa trama interpessoal. Seu método de trabalho revê os procedimentos da pesquisa experimental e pretende elevar a Psicologia a uma ciência hipotético--dedutiva, recorrendo tanto à linguagem quanto aos conceitos matemáticos.

Três conceitos são importantes para compreender a teoria de Kurt Lewin: o primeiro, denominado Espaço Vital, é compreendido como a articulação entre todos os elementos que determinam o comportamento do sujeito em um momento específico; o segundo, Campo psicológico, é entendido não só como uma realidade física, mas também fenomênica:

> (...) não são apenas os fatos físicos que produzem efeito sobre o comportamento. O campo deve ser representado tal como ele existe para o

indivíduo em questão, em um determinado momento, e não como ele é em si. Para a constituição deste campo, as amizades, os objetivos conscientes e inconscientes, os sonhos e os medos, são tão essenciais como qualquer ambiente físico. (Garcia-Roza, 1972, p. 136)

O terceiro conceito, denominado Realidade Fenomênica, equivale ao ambiente comportamental desenvolvido por Koffka na Gestalt e envolve a forma própria de interpretação da realidade formulada pelas pessoas individualmente. Essa interpretação está marcada por linhas de força que atribuem significados particulares à percepção e à representação do espaço vital.

> Lewin postulou um estado de equilíbrio entre pessoa e ambiente. Quando esse equilíbrio é perturbado, surge uma tensão (o conceito de motivação ou necessidade de Lewin), que leva a algum movimento, em uma tentativa de restaurar o equilíbrio. Ele acreditava que o comportamento humano envolve o contínuo aparecimento de tensão-locomoção-alívio. Essa sequência é semelhante à de necessidade-atividade-alívio. Sempre que uma necessidade é sentida, existe um estado de tensão e o organismo tenta descarregá-la, agindo de modo a restaurar o equilíbrio. (Schultz, 1992, p. 320)

A teoria de Lewin deu lastro para a compreensão de movimentos grupais no que diz respeito à interdependência dos processos que ocorrem entre os indivíduos que os compõem. Lewin criou também o conceito de Campo Social ao estudar as características de diferentes movimentos de liderança, desenvolvendo uma forte e minuciosa estrutura para a compreensão das dinâmicas grupais, necessárias à evolução das teorias em Psicologia Social. Seus estudos contribuíram substancialmente para a Psicologia norte-americana de seu tempo, uma vez que forneceram possibilidades de novas compreensões das relações éticas em fenômenos como racismo, relações institucionais e outras situações sociais.

## A Psicologia Humanista: Carl Ramson Rogers (1902-1987) e Abraham Maslow (1908-1970)

Movimento mais recente, a denominada Psicologia Humanista tomou forma e ganhou força na década de 1960 e, assim como o Behaviorismo, também foi desenvolvida nos Estados Unidos. Conhecido como "a terceira força", o sistema da Psicologia Humanista pretendeu opor-se tanto ao Behaviorismo quanto à Psicanálise, que nessa época já estava bem constituída.

Suas matrizes filosóficas estão na filosofia de Gottfried Leibniz, cujo pensamento sobre o homem abriu nova perspectiva para o aprofundamento da compreensão fenomenológica, discutida por filósofos como Kierkegaard (1813-1855) e Husserl (1859-1938) e existencialista com os filósofos Heidegger (1908-1976) e Sartre (1905-1982).

A Fenomenologia de Husserl supõe a ideia de que não é possível tratar o homem como "uma coisa entre outras coisas", muito menos como "o resultado da interferência do mundo da física e do social", e o Existencialismo se define com a seguinte síntese, feita por Jean-Paul Sartre sobre o caráter da filosofia de Kierkegaard:

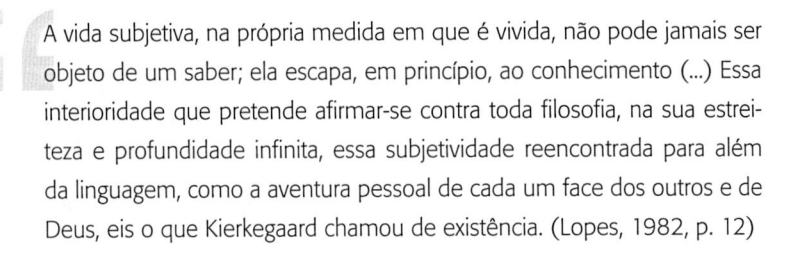

> A vida subjetiva, na própria medida em que é vivida, não pode jamais ser objeto de um saber; ela escapa, em princípio, ao conhecimento (...) Essa interioridade que pretende afirmar-se contra toda filosofia, na sua estreiteza e profundidade infinita, essa subjetividade reencontrada para além da linguagem, como a aventura pessoal de cada um face dos outros e de Deus, eis o que Kierkegaard chamou de existência. (Lopes, 1982, p. 12)

Fenomenologia e Existencialismo originarão a Psicologia Humanista (por volta da década de 1950). O centro de seu enfoque referencial é a pessoa em um contexto único e que tem o potencial de transformar a vida dentro de si, de maneira continuada e infinita.

O homem, na perspectiva da Psicologia Humanista, é percebido como um ser livre, capaz de se recriar independentemente dos condicionamentos, pois a própria realidade é percebida de maneira pessoal e está impregnada de significados ligados à consciência pessoal. A vida interior é soberana.

A Associação Americana de Psicologia Humanista define:

> A Psicologia Humanista tem como seu objetivo final a preparação de uma completa descrição do que significa estar vivo como ser humano. (...) Tal descrição completa incluíra necessariamente um inventário da dotação inata do homem: suas potencialidades de sentimentos, pensamento e ação; seu crescimento, evolução e declínio; sua interação com várias condições ambientais. (...) A gama completa e a variedade de experiências que lhe são possíveis e seu lugar significativo no universo. (1967, p. 71)

Essa descrição vem sendo reformulada, no entanto, sem tirar o foco de atenção da pessoa que experimenta o meio, pessoa que tem potencial para escolher, criar, apreciar e se autorrealizar, preocupando-se com a dignidade e o valor do homem, interessando-se pelo desenvolvimento das capacidades próprias de cada pessoa.

A Psicologia Humanista desenvolveu, desde seus primórdios, um sério estudo da natureza e da conduta humana e é representada, no início de sua história, pelas obras de Abraham Maslow e Carl R. Rogers.

Maslow nasceu em Nova York, no bairro do Brooklyn, e ele mesmo descreveu sua família de maneira triste. Desenvolveu pouca admiração pela mãe, descrita como supersticiosa, amargurada e má – a relação era tão pouco afetiva que ele não compareceu a seu funeral. Quanto ao pai, era alcoolista e pouco responsável, abandonou a família quando Maslow entrou na adolescência. Sentia-se feio, inferior, não encontrava referência de pertença grupal. Foi para a Universidade de Cornell estudar com Titchener, mas não gostou do professor e da proposta da Psicologia por ele ensinada. Transferiu-se para a Universidade de Wisconsin e estudou, entre outros, com Watson e Wertheimer, por quem desenvolveu respeito e admiração. Seu desejo era de que a psicologia lançasse um olhar mais sensível às necessidades do ser humano.

Maslow desenvolveu uma interessante teoria sobre o processo psíquico da motivação humana, e, ao longo de sua teoria, enfatizou que cada pessoa traz em si uma tendência inata para tornar-se autorrealizadora.

Para que essa tendência inata se atualize cotidianamente, diante das pressões da realidade, de tal maneira que as capacidades de realização do potencial do homem sejam aproveitadas e ele se autorrealize, é necessário que a pessoa satisfaça um conjunto de necessidades organizado em uma escala de prioridades. Tais necessidades, por serem inatas, precisam ser satisfeitas em uma ordem de atendimento assim proposta por Maslow:

1. Necessidades fisiológicas de comida, água, ar, sono e sexo;
2. Necessidades de garantia: segurança, estabilidade, ordem, proteção e libertação do medo e da ansiedade;
3. Necessidades de pertinência e de amor;
4. Necessidades de estima dos outros e de si mesmo;
5. Necessidade de autorrealização;
6. Necessidades de conhecimento e compreensão;
7. Necessidades estéticas.

A Teoria da Motivação desenvolvida por Maslow tem amplo uso em educação, clínica, contexto organizacionais e empresariais.

Para continuar, vamos conhecer o pensamento do psicólogo humanista Carl C. Rogers, que desenvolveu um conjunto teórico com base na experiência com seus pacientes em contexto clínico.

Rogers nasceu na cidade de Chicago. Sua família, severa e religiosa, mantinha rotinas rígidas, dava pouco espaço para a expressão de sentimentos, razão pela qual ele cresceu sentindo-se preso aos valores transmitidos por seus pais. Após um processo de reflexão sobre a autonomia e a necessidade de conhecimento de si para viver melhor, foi estudar Psicologia na

Universidade de Colúmbia dirigindo seus interesses para a clínica e a educação, trabalhando durante anos com jovens delinquentes. Desenvolveu sua vida acadêmica em três universidades: a estadual de Ohio, a de Chicago e a de Wisconsin.

Quanto à diversidade de experiências, voltadas para o crescimento a partir da intervenção clínica e objetivando a autorrealização de jovens delinquentes, alunos e pacientes, Rogers explica:

> (...) a experiência clínica contínua com indivíduos que acreditam precisar de ajuda pessoal, ou que são levados por outros a acreditar nessa necessidade (...); por um período de aproximadamente 30 anos, gastei provavelmente uma média de 15 a 20 horas semanais, exceto nos períodos de férias, no esforço de entendê-los e de ser-lhes útil terapeuticamente (...). Destas horas, e de meus relacionamentos com tais pessoas, extraí o entendimento que possuo sobre a significação da terapia, da dinâmica das relações interpessoais e da estrutura e funcionamento da personalidade. (1975, p. 188)

Podemos observar com clareza a base filosófica subjacente ao pensamento rogeriano, ou seja, a defesa da autorrealização, pois entende o homem como um ser dotado de livre-arbítrio, com capacidade de entrar em contato com as angústias que provem de sua própria história. Com base nesse pressuposto, desenvolveu um método de psicoterapia denominada "não diretiva" ou "centrada no paciente". Esse método de trabalho supõe uma postura empática e incondicional por parte do terapeuta. O paciente é visto como uma pessoa capaz de se abrir para a experiência terapêutica objetivando desenvolver uma consciência mais clara de si e do mundo, assim como desenvolver a autoestima positiva necessária para se relacionar consigo mesmo e com as demais pessoas de sua sociedade e cultura, de forma harmônica.

A educação beneficia-se sobremaneira do trabalho de Rogers, mesmo porque ele sempre enfatizou a importância da relação professor-aluno como base para o aprendizado eficaz.

Entende-se na Psicologia Humanista de Rogers que, na situação de aprendizagem, o importante é que o aluno, ao entrar em contato com o conteúdo, faça deste algo seu, ou seja, aproprie-se dele de forma significativa e pessoal. O aluno é visto como um ser dotado de interesses e responsabilidades, capaz de escolher e de fazer críticas, criativo, e o professor é alguém, em primeiro lugar, capaz de relacionar-se e de ser autêntico, capaz de entender a si próprio e ao outro, de modo a ser um facilitador da aprendizagem. O conteúdo conduz ao crescimento e à capacidade de autoavaliação.

Nessa perspectiva, o professor, inspirado pelas ideias humanistas, entenderá seu papel como orientador da aprendizagem, uma vez que a ênfase está na relação desenvolvida em sala de aula. A ele cabe se conhecer primeiro para que possa conhecer seu aluno ou grupo de alunos sob sua responsabilidade, em um sistema que permita autenticidade, congruência e dinamismo na troca de informações. O professor é responsável. O aluno também. E cada um, em sua individualidade e no compartilhar dessa individualidade, desenvolverá o conteúdo em um processo de autoconstrução que visa à atualização e à regulação afetiva, social e intelectual de cada um deles.

Preparar-se para um trabalho nos moldes da Psicologia Humanista na clínica supõe que o profissional imprima força no papel da consciência e na lucidez, tanto do terapeuta quanto do cliente, o que permitirá o contato e a compreensão da angústia e das emoções na busca da congruência entre o pensar, o sentir e o agir. O papel do inconsciente é minimizado e o encontro consigo mesmo se faz pela troca empática entre paciente e terapeuta.

## Eco: A perspectiva fenomenológico-existencial

Até aproximadamente a segunda metade do século XX, proliferaram estudos sobre ansiedade, medo, fobias, angústia, estudos surgidos em razão das queixas com que os pacientes procuravam os consultórios de terapia. Com base na experiência clínica com esses pacientes, foram sendo aprofundadas não só a compreensão sobre o que é o ser humano nesse período da história da humanidade, mas também as técnicas que ajudaram a levar o paciente a uma compreensão apropriada e clara de seus sintomas, a fim de se fortalecer para tomar posições saudáveis em relação à sua condição de existir.

A psicologia que embasa a psicoterapia fenomenológico-existencial leva em consideração alguns processos que se desenvolvem ao longo da vida experimentada pelas pessoas, e que estão centrados exatamente nessa dimensão existencial.

Citaremos, apoiados em Lopes (1982), as dimensões da existência que devem fazer parte do pano de fundo para que o terapeuta possa desenvolver a compreensão de um paciente, em situação de sofrimento:

1. Na área corporal: envolve a atenção para a maneira como a pessoa procedeu à domesticação de seus impulsos, dos movimentos impregnados de desejos. Essa experiência pode ser tanto de apropriação quanto de negação de acordo com seus conflitos, podendo manifestar-se sob a linguagem da somatização.
2. Na dimensão temporal: envolve a capacidade de dar significado às vivências próprias de cada período da vida (infância, adolescência, vida adulta e velhice). Além do significado, a capacidade de integrar os eventos vividos de forma saudável no presente.
3. Na dimensão afetiva: demanda o processo de compreensão afetiva de situações vividas e que envolvem as diferentes maneiras de compreender as vinculações e as redes afetivas.
4. No âmbito das atividades: a compreensão da relação com o universo do trabalho e das exigências sociais e competências no plano profissional.
5. No relacionamento interpessoal: qualidade de socialização, internalização de normas e padrões sociais. Compreensão dos processos de alienação social e capacidade de solidariedade.
6. Na área valorativa: compreensão das idealizações e dos processos de orientação e reorientação de metas e ideais de vida que deverão

levar à autorrealização e à consciência de si, que supõe personificação (processo de tornar-se pessoa por meio da aquisição de papéis), individuação e autoidentidade; conscientização (desenvolvimento de si mesmo – *self* – em relação às demandas do mundo e dos objetivos de vida, processo de compreensão de si e da realidade e processo de tornar-se o que mais genuinamente a pessoa é, inclusive aceitando os aspectos negativos inerentes à existência).

Os pressupostos acima pretendem que ao longo do processo terapêutico, apoiado pelas técnicas próprias dessa área de atuação em Psicologia, o paciente consiga atualizar sua experiência afetiva por meio de uma reflexão sobre sua própria existência em um dado fragmento de tempo.

Experiência imediata, consciência, comportamento e significação da experiência no presente foram algumas das preocupações da Psicologia. Para tanto, desenvolveu testes, descobriu técnicas terapêuticas e de aprendizagem. Compreendeu as patologias e descobriu fórmulas para compreender o homem na relação com seus semelhantes e em grupo. Foi um trajeto longo o que percorremos até aqui. A semente da curiosidade do homem a respeito de si mesmo percorreu o mito, as experimentações e a tecnologia. Frutificou e criou ramificações e raízes. Convidamos você a continuar.

CAPÍTULO 7

## Psicanálise: origem, descendentes e dissidentes

O ptamos por abrir este capítulo com o texto de um importante psicanalista de nossos tempos, pois ele liga corpo-mente-educação na consolidação da ideia de saúde.

> O ser humano é uma amostra-no-tempo da natureza humana. A pessoa total é física, se vista de certo ângulo, ou psicológica, se vista de outro. Existem o soma e o psique. Existe também um inter-relacionamento de complexidade crescente entre uma e outra, e uma organização deste relacionamento proveniente daquilo que chamamos mente. O funcionamento intelectual, assim como a psique, tem sua base somática em certas partes do cérebro.
> Como observadores da natureza humana, podemos discernir entre funcionamento do corpo, da psique e da mente.
> Não iremos cair na armadilha que nos é preparada pelo uso popular de "mental" e "físico". Estes termos não descrevem fenômenos opostos. O soma e a psique é que são opostos. A mente constitui uma ordem à parte, e deve ser considerada como um caso especial do funcionamento do psicossoma.
> É necessário chamar a atenção para o fato de que é possível olhar para a natureza humana das três maneiras acima indicadas, e inclusive estudar as causas desta divisão de "poderes". Será especificamente interessante pesquisar os estágios muito precoces da dicotomia entre psique e soma na criança, e os primórdios da atividade mental.
> A saúde física requer uma hereditariedade (*nature*) e uma criação (*nurture*) suficientemente boas. Na saúde, o corpo funciona de acordo

com a faixa etária adequada. Acidentes e falhas do ambiente são enfrentados de modo a fazer com que suas consequências negativas desapareçam com o tempo. O desenvolvimento prossegue com o passar do tempo, e gradualmente a criança se transforma em homem ou mulher, nem cedo nem tarde demais. A meia idade chega à época certa, com outras mudanças igualmente adequadas, e finalmente a velhice vem desacelerar os vários funcionamentos até que a morte naturalmente surge como a derradeira marca da saúde. (Winnicott, 1990, p. 29-30)

A vida humana, seja no âmbito individual, seja no social, está sujeita a um movimento cíclico, com tendências à repetição, movimentos que se evidenciam nas decisões cotidianas do homem comum, nas obras dos artistas, nas descobertas dos cientistas que se dispõem dela tratar ou a ela retratar.

A Psicanálise traz, na essência de sua teoria, a preocupação em compreender os atos e produções psíquicas do ser humano. Para isso, desenvolveu uma teoria geral do homem que se propõe a estudá-lo na intersecção entre seus aspectos genético, histórico e dinâmico, com o intuito de encontrar ligações causais entre os três ângulos, reunindo passado, presente e futuro da história do indivíduo.

A Psicanálise desenvolveu-se ao mesmo tempo em que as vertentes de Psicologia iam se construindo. Quando Freud, em 1895, publicou seu primeiro livro:

> Wundt tinha sessenta e três anos, Titchener tinha apenas vinte e oito. (...) Watson tinha dezesseis. (...) e Wertheimer, quinze. (Schultz, 1992, p. 323)

Consideramos importante apontar que a Psicanálise e a Psicologia desenvolveram-se paralelamente no tempo, sem nenhuma vinculação quanto ao objeto de estudo, ou mesmo quanto ao método de trabalho.

Voltada para a descoberta e compreensão do inconsciente (que Wundt e Titchener não admitiam em seu sistema estrutural) e para a psicopatologia, a Psicanálise começou a se desenvolver com base na prática clínica, de forma absolutamente original, em um período em que a Psicologia estava fixando alicerces nos laboratórios, nas bilbiotecas e nas salas de aula, utilizando especialmente os métodos experimental, empírico e de introspecção, e assim se firmando como ciência pura, buscando entender e sistematizar as estruturas da consciência humana.

Ao reorganizarmos este capítulo, optamos por utilizar fragmentos de artigos de livros e conferências realizados pelo próprio Freud, tomando o cuidado de esclarecer alguns termos específicos da teoria. Todo o material selecionado foi extraído da Edição Standard Brasileira de suas obras completas publicada pela Imago. Os volumes e páginas das quais os fragmentos foram transcritos estão indicados no fim de cada trecho.

Consideramos relevante ressaltar que este é um trabalho bastante sintético que objetiva lançar uma semente de esclarecimento e talvez de curiosidade sobre a Psicanálise e desvincular seu trajeto histórico daquele realizado pela Psicologia.

A obra de Freud tem uma significativa ligação com sua vida, por isso, para uma boa leitura de sua biografia, sugerimos o livro *Freud: uma vida para nosso tempo*, escrito por Peter Gay.

## O surgimento da psicanálise: Freud

Sigmund Freud nasceu em Freiberg, na República Tcheca. Viveu um período economicamente perturbado e mudou-se para Viena aos quatro anos de idade, permanecendo nessa cidade até quase o final de sua vida; quando da perseguição nazista, emigrou para a Inglaterra. Ao completar seus estudos secundários, conhecia latim, grego, hebraico, alemão, francês, inglês e tinha noções de espanhol e italiano. De família judia, sofreu as agruras próprias desse tempo de racismo e perseguições. Concluiu o curso de Medicina na Universidade de Viena, dedicando-se à neurologia, depois foi professor de neuropatologia, viajou a Paris para estudar a histeria e, mais tarde, a técnica da hipnose. Abandonada posteriormente quando começou a desenvolver uma forma de atendimento absolutamente inovadora, por meio da associação livre de ideias e, ao longo de toda sua vida, foi tecendo a trama dos conceitos psicanalíticos.

No fim do século XIX, mais precisamente em 1895, foi publicado o livro *Estudos sobre a histeria*, que marcou o início formal de pensamento psicanalítico, escrito em conjunto por Freud e pelo doutor Breuer, médicos pesquisadores nas áreas da Fisiologia e Neurologia. Além da base extraída das pesquisas em Neurologia, o lastro filosófico do pensamento psicanalítico aponta para a influência da filosofia de Leibniz, Harbart e Franz Brentano, o que confere à teoria freudiana a visão determinista do funcionamento mental.

A originalidade de seu pensamento incentiva Freud a criar um pensamento autônomo e independente das áreas de conhecimento disponíveis em sua época. Mesmo da Medicina, sua área de formação, houve um afastamento teórico:

> (...) não cuidem, porém, que seja necessária uma especial cultura médica para acompanhar minha exposição. Caminharemos por algum tempo ao lado dos médicos, mas logo deles nos apartaremos (...) para seguir uma rota absolutamente original. (v. XI, p. 14)

A Psicanálise direcionou seu interesse para o comportamento anormal, para a dor psíquica, enfoques examinados e estudados a partir da observação clínica. Freud enfrentou, desde o início das formulações e exposições de suas ideias e métodos, grande resistência por parte da sociedade médica da época. Ele mesmo reconhecia que a compreensão intelectual de sua teoria não era difícil, o complicado era a aceitação da sexualidade infantil e o reconhecimento de que o homem é dominado por processos psíquicos que desconhece.

> (...) estou realmente certo do espanto dos ouvintes – "Existe, então – perguntarão – uma sexualidade infantil? – A infância não é, ao contrário, o período da vida marcado pela ausência do instinto sexual?". Não, meus

senhores. Não é verdade certamento que o instinto sexual, na puberdade, entre o indivíduo como, segundo o Evangelho, os demônios nos porcos. A criança possui, desde o princípio, o instinto e as atividades sexuais. Ela os traz consigo para o mundo, e deles provém, por meio de uma evolução rica de etapas, a chamada sexualidade normal do adulto (...). Não duvido, pois, de que os presentes se acabarão familiarizando com a ideia, de início tão exótica, da sexualidade infantil (...). É facílima de explicar a razão por que a maioria dos homens, observadores, médicos e outros nada querem saber da vida sexual da criança.

Sob o peso da educação e da civilização, esqueceram a atividade sexual infantil e não desejam agora relembrar aquilo que já estava reprimido. Se quiserem iniciar o exame pela auto análise, com uma reunião e interpretação das próprias recordações infantis, haviam de chegar a convicção muito diferente. (v. XI, p. 39-41)

Apesar das dificuldades, em pouco mais de quarenta anos de trabalho, sua teoria passou por reformulações, ampliou-se e contribuiu, significantemente, para o conhecimento sobre o funcionamento mental humano, assim como influenciou diferentes áreas de estudo, como a Filosofia, a Religião, a Literatura, as Artes, além de a própria Psicologia clínica e a Medicina psiquiátrica. Mesmo para a educação, embora não encontremos artigos ou palestras específicos sobre o tema, é possível reconhecer firmes influências:

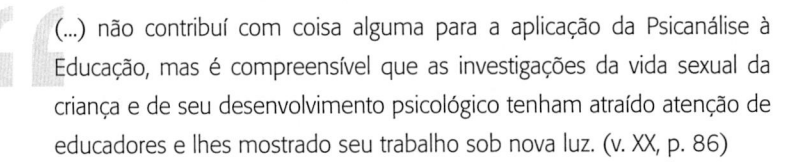

> (...) não contribuí com coisa alguma para a aplicação da Psicanálise à Educação, mas é compreensível que as investigações da vida sexual da criança e de seu desenvolvimento psicológico tenham atraído atenção de educadores e lhes mostrado seu trabalho sob nova luz. (v. XX, p. 86)

Leia com atenção:

> A Psicanálise é simultaneamente um método de investigação do sentido dos atos e produções psíquicas do ser humano, uma teoria geral do homem, baseada nos resultados desta investigação, e uma forma de tratamento de problemas mentais e emocionais derivadas do método e da teoria men-

cionados. É aproximadamente assim que Freud a define em 1924, e esta definição conserva toda a sua validade. (Mezan, 1993)

Não podemos nos aventurar a apresentar a Psicanálise se não falarmos em sua grande descoberta, o conceito de Inconsciente, que, com a descoberta da sexualidade infantil e das fases de desenvolvimento, assim como da dinâmica psíquica articulada em três complexas instâncias, formam o conjunto teórico que a caracteriza e a define.

Sobre o inconsciente:

> Estar consciente é, em primeiro lugar, um termo puramente descritivo, que repousa na percepção do caráter mais imediato e certo. A experiência demonstra que um elemento psíquico (uma ideia, por exemplo) não é, via de regra, consciente por um período de tempo prolongado. Pelo contrário, um estado de consciência é, caracteristicamente, muito transitório; uma ideia que é consciente agora não o é mais um momento depois, embora assim possa tornar-se novamente, em certas condições que são facilmente ocasionadas. No intervalo, a ideia foi (...) não sabemos o quê. Podemos dizer que esteve latente, e, por isso, queremos dizer que era capaz de tornar-se consciente a qualquer momento (...). Aqui, "inconsciente" coincide com: latente e capaz de tornar-se consciente, mas (...) ao longo de outro caminho, descobrimos (...) que existem ideias ou processos mentais muito poderosos (...) que podem produzir na vida mental todos os efeitos que as ideias comuns produzem (...), embora eles próprios não se tornem conscientes. Basta dizer que, neste ponto, a teoria psicanalítica intervém e assevera que a razão pela qual tais ideias não podem tornar-se conscientes é que uma certa força se lhes opõe (...). O fato de se ter encontrado, na técnica da Psicanálise, um meio pelo qual a força opositora pode ser removida e as ideias em questão tornadas conscientes, torna irrefutável essa teoria. Os estados em que as ideias existiam antes de se tornarem conscientes é chamado por nós repressão, e asseveramos que a força que instituiu a repressão e a mantém é percebida como resistência durante o trabalho de análise.
> Obtemos assim o nosso conceito de Inconsciente a partir da teoria da repressão. O reprimido é, para nós, o protótipo do inconsciente.

Percebemos, contudo, que temos dois tipos de inconscientes: um que é latente, mas capaz de tornar-se consciente, e outro que é reprimido e não é, em si próprio e sem mais trabalho, capaz de tornar-se consciente. Esta compreensão interna (*insight*) da dinâmica psíquica não pode deixar de afetar a terminologia e a descrição. Ao latente (que é inconsciente apenas descritivamente, não no sentido dinâmico), chamamos de pré-consciente; restringimos o termo inconsciente ao reprimido dinamicamente inconsciente, de maneira que temos agora três termos: consciente, pré-consciente e inconsciente (cujo sentido não é mais puramente descritivo). (v. XIX, p. 25-28)

Essas ideias são essenciais para entrarmos em contato com a teoria psicanalítica, no entanto Freud, algum tempo depois, expande-as de forma brilhante e elabora novos constructos teóricos, assim apresentados:

Assim sendo, não usaremos mais o termo inconsciente no sentido sistemático e daremos àquilo que até agora temos assim descrito um nome melhor, um nome que não seja mais passível de equívocos (...) de ora em diante chama-lo-emos de id (em alemão *Es*, *It* em inglês, ambos são um mesmo pronome neutro que se traduz por "ele", "ela", "isto" – Id é a forma latina do mesmo). Esse nome impessoal parece especialmente bem talhado para expressar a principal característica dessa região da mente.
Superego, Ego e Id – estes são os três reinos, regiões, províncias em que dividimos o aparelho mental de um indivíduo, e é das duas relações mútuas que nos ocupamos a seguir (...)
**Id** é a parte obscura, a parte inacessível da nossa personalidade (...); abordamos o Id com analogias; denominamo-lo caos, caldeirão cheio de agitação fervilhante. Descrevemo-lo estando aberto a influências somáticas e contendo dentro de si necessidades instintuais (...); está repleto de energias que a ele chegam dos instintos, porém não possui organização, não expressa uma vontade coletiva, mas somente uma luta pela consecução da satisfação das necessidades instintuais, sujeita à observância do princípio de prazer. As leis lógicas do pensamento não se aplicam ao id, e isto é verdadeiro, acima de tudo, quanto à lei da contradição (...); impulsos contrários existem lado a lado, sem que um anule o outro (...); no id não há nada que se possa comparar à negativa (...); no id, não existe nada que

corresponde à ideia de tempo (...); impulsos plenos de desejos, que jamais passaram além, do id, e também impressões, que foram mergulhadas no id pelas repressões, são virtualmente imortais; depois de passarem décadas, comportam-se como se tivessem ocorrido há pouco (...). Naturalmente o id não conhece nenhum julgamento de valores: não conhece o bem e o mal, nem a moralidade (...); catexias instintuais que procuram a descarga – isto, em nossa opinião, é tudo o que existe no id (...).

**Ego** é o órgão sensorial de todo o aparelho (...); é receptivo não só às excitações provenientes de fora, mas também àquelas que emergem do interior da mente (...); o ego é aquela parte do id que se modificou pela proximidade e influência do mundo externo, que está adaptada para a recepção de estímulos (...); a relação com o mundo externo tornou-se o fator decisivo para o ego; este assumiu o papel de representar o mundo externo perante o id – o que é uma sorte para o id, que não poderia escapar à destruição se, em seus cegos intentos que visam à satisfação de seus instintos, não atentasse para esse poder externo supremo. Ao cumprir com essa função, o ego deve observar o mundo externo, deve estabelecer um quadro preciso do mesmo nos traços de memória de suas percepções, e, pelo seu exercício da função de "tese de realidade", deve excluir tudo o que nesse quadro do mundo externo é um acréscimo decorrente de fontes internas de excitação (...); entre uma necessidade e uma ação, interpõe uma protelação sob forma de atividade do pensamento (...). Desta maneira, o ego destrona o princípio do prazer e o substitui pelo princípio da realidade, que promete maior certeza e maior êxito (...). O ego evolui da percepção dos instintos para o controle destes. Para adotar um modo popular de falar, poderíamos dizer que o ego significa razão e bom senso, ao passo que o id significa as paixões indomadas (...). O ego deve, no geral, executar as intenções do id, e cumpre sua atribuição descobrindo as circunstâncias em que essas intenções possam ser mais bem realizadas (...)

Por outro lado, o ego é observado a cada passo pelo **superego** severo, que estabelece padrões definidos para sua conduta, sem levar na mínima conta suas dificuldades relativas ao mundo externo e ao id, e que essas exigências não são obedecidas, pune-o com intensos sentimentos de inferioridade e culpa (...). Podemos compreender como é que, com tanta frequência, não podemos reprimir uma exclamação: 'a vida não é fácil'. Se o ego é obrigado a admitir sua fraqueza, ele irrompe em ansiedade – ansiedade realística (referente ao mundo externo), ansiedade moral (referente ao superego) e ansiedade neurótica (referente à força das paixões do id).

Como vêem, o superego se funde no Id (...) e está mais distante do sistema perceptual que o ego. O id relaciona-se com o mundo externo somente por meio do ego.

Ao pensar nessa divisão da personalidade em um ego, um superego e um id, naturalmente, os senhores não terão imaginado fronteiras nítidas como as fronteiras artificiais delineadas na Geografia Política. Não podemos fazer justiça às características lineares como as de um desenho ou de uma pintura primitiva, mas de preferência por meio de áreas coloridas fundindo-se umas com as outras, segundo as apresentam artistas modernos. Depois de termos feito as separações, devemos permitir que novamente se misture, conjuntamente, o que havíamos separado. (v. XXII, p. 94-101 – destaques da autora)

Ao terminar de ter essa "conversa diretamente com Freud", parece, então, que é possível começarmos a compreender que as contradições dos nossos comportamentos explicam-se por si só quando nos for possível detectar qual parte do nosso ser se apoderou do direito de agir. A relação recíproca dessas três instâncias é de dinâmico e permanente combate.

O caminho percorrido por Freud foi interessante. A compreensão de uma construção de normalidade lhe chega mediante árduo estudo daquilo que é patológico na personalidade. Ele passou pelo método hipnótico e o abandonou:

> (...) prescindindo do hipnotismo, consegui que os doentes revelassem tudo quanto fosse preciso para estabelecer os liames existentes entre as cenas patogênicas esquecidas e seus resíduos – os sintomas (...); a hipnose acumula as resistências, criando para o resto uma barreira intransponível. (v. XI, p. 26-7)

Para empregar a associação livre de ideias, mantendo o paciente acordado e utilizando suas forças conscientes na procura e investigação de sua história, estudou com critério os atos falhos, os chistes e, principalmente, a interpretação dos sonhos, sempre com o objetivo de chegar ao inconsciente:

> "A interpretação dos sonhos é na realidade a estrada real para o conhecimento do inconsciente, a base mais segura da Psicanálise (...)" (v. XI, p. 32).

A teoria psicanalítica subsidia teórica e tecnicamente o profissional que trabalha com o ser humano, mas são muitos conceitos, muitas ideias e ainda nos encontramos na periferia do pensamento psicanalítico. O enfoque de mundo mental deixado pela Psicanálise nos ajuda a repensar conceitos de normalidade e patologia:

> Ao perguntarem a Freud, em sua velhice – quando já tinha realizado praticamente toda sua obra pessoal – como definiria um homem adulto normal, ele respondeu apenas que o homem normal era aquele capaz de "amar e trabalhar". Alcançar a fase genital constitui, para a Psicanálise, atingir o pleno desenvolvimento do adulto normal. É ser o homem que começou a surgir quando a criança perde o nirvana intra-uterino e vai progressivamente introjetando e elaborando o mundo. As adaptações biológicas e psicológicas foram realizadas. Aprendeu a amar e a competir. Discriminou seu papel sexual. Desenvolveu-se intelectualmente e socialmente. Agora é a hora das realizações. É capaz de amar em um sentido genital amplo. É capaz de definir um vínculo heterossexual significativo e duradouro. (...) O indivíduo normal não só se realizará na genitalidade específica, como o fará em um sentido mais amplo. A perpetuação da vida é a finalidade última da vida. Procriará e os filhos serão fonte de prazer. (...) A obra social é derivada da genitalidade. Estabelecer filiações significativas com profissões, partidos políticos, ideologias religiosas, correntes estéticas, é a sublimação de sua capacidade de amar, de estabelecer um vínculo maduro nas relações naturais homem-mulher. (Rappaport, 1989, p. 54)

Freud morreu em 1939, na Inglaterra, acometido de um câncer que lhe consumiu mais de dezesseis anos. Os momentos finais dessa vida tão impressionante são assim descritos no diálogo entre Freud e seu médico:

> "Schur, o senhor se lembra de nosso 'contrato' de não me deixar quando tiver chegado a hora. Agora, é apenas uma tortura e não faz sentido". Schur fez sinal de que não tinha esquecido. Freud deu um suspiro de alívio, continuou a segurar-lhe a mão por um momento e disse: "Eu lhe agradeço". A seguir, depois de uma ligeira hesitação, ele acrescentou: "Fale com Anna sobre isso, e se ela achar certo, dê um fim a isso". (...) Schur aplicou em Freud uma injeção de três centigramas de morfina e Freud mergulhou num sono pacífico. Schur repetiu a injeção, quando ele se tornou inquieto e administrou uma dose final no dia seguinte, 22 de setembro. Freud entrou num coma do qual não mais despertou. (Peter Gay, 1990, p. 587)

Conforme citado por Schultz, à época da morte de Freud, o ambiente da Psicologia estava muito diferente. A Psicologia de Wundt, o Estruturalismo e o Funcionalismo já não existiam no universo acadêmico. A Psicologia da Gestalt estava saindo da Alemanha e ganhava terreno nos Estados Unidos, e o Behaviorismo, sem dúvida, era o modelo soberano de Psicologia norte-americana.

Não podemos nos esquecer de que a Psicanálise não é uma escola que derivou da Psicologia. Psicanálise e Psicologia não se desenvolveram por competições e críticas; aliás, Freud leu Wundt mas não travou um embate direto com ele. Atualmente, muitas áreas e correntes da Psicologia se constituem levando em conta a força do inconsciente, das pulsões, da sexualidade infantil etc., o que gera férteis encontros na compreensão da subjetividade humana.

## Descendentes da Psicanálise

Atualmente, de acordo com Zimmerman (1999), há sete escolas de Psicanálise, assim divididas:

**Escola freudiana**: com sede na Sociedade Britânica de Psicanálise, é composta por um grupo não muito numeroso, mas que mantém as concepções originais de Freud.

**Escola dos teóricos das relações objetais**: Em razão de uma profunda compreensão que gerou a criação de uma técnica muito profunda de Psicanálise para crianças, Melanie Klein promoveu uma revisão da técnica, desde as interpretações até o manejo da transferência.

**Escola da Psicologia do Ego**: desenvolvida nos Estados Unidos, possui representantes importantes como Heinz Hartman e Erik Erikson, lastreados no trabalho sobre o ego e os mecanismos de defesa, desenvolvido por Anna Freud. A principal característica dessa escola de Psicanálise é o enfoque no papel de síntese, significado e elaboração da experiência psíquica realizadas por meio do ego.

**Escola da Psicologia do Self**: um dos nomes mais importantes é o de Heinz Kohut. Reforçando o papel da introspecção e da empatia, self e narcisismo.

**Escola francesa de Psicanálise**: ligada ao nome de Jacques Lacan. Imagem do corpo, linguagem, desejo, narcisismo e Édipo são as estruturas centrais da teoria e da técnica lacanianas.

**Escola de Winnicott**: sem perder a perspectiva proposta por Freud, enfoca as falhas ambientais, desenvolve o conceito de objeto transicional e a técnica de manejo da transferência e da interpretação.

**Escola de Bion**: trabalhos ricos com grupos, estudo dos mecanismos psicóticos entre outros numerosos trabalhos que aprofundam e ampliam a teoria e a técnica psicanalítica, sendo importante destacar: "o aprofundamento dos estudos concernentes à natureza e função dos processos de pensar, conhecer".

## Os dissidentes

O círculo psicanalítico, que orbitava em torno de Freud, ao mesmo tempo que se fortalecia, gerou rompimentos. A maioria deles acarretou muito sofrimento para o grupo e, sobretudo, para seu líder. Citaremos apenas alguns dos nomes que entraram para a história como dissidentes da Psicanálise original.

Alfred Adler (1870-1937) foi um dos fundadores da Sociedade Psicanalítica de Viena e seu presidente. Desenvolveu ideias conflitantes com a proposta freudiana, em especial pela concepção de que o ser humano é motivado, fundamentalmente, pelo interesse social, como um fator inato da personalidade. Conceitos como de "self criador"; "luta pela superioridade"; "sentimento de inferioridade como motivação para a autorrealização" etc., foram conceitos que causaram muito estranhamento e fizeram que ele se afastasse da presidência e da Sociedade. Criou a Psicologia Individual.

Karen Horney (1885-1952) foi associada do Instituto Psicanalítico de Berlim e diretora do Instituto Psicanalítico de Chicago. No entanto, por discordar das ideias originárias da Psicanálise, fundou a Associação para o Progresso da Psicanálise e o Instituto Americano de Psicanálise. O principal conceito elaborado por ela foi o de "ansiedade básica" ao lado de um conjunto de dez necessidades desenvolvidas pela pessoa neurótica, as quais estão, de alguma forma, ligadas a rejeição, descuido, superproteção e outras formas erradas de educação.

Harry Stack Sullivan (1892-1949) criou uma teoria denominada Teoria Interpessoal da Psiquiatria. Para ele, a personalidade é

> "um padrão relativamente constante, de situações interpessoais periódicas que caracterizam a vida humana. A personalidade é uma entidade hipotética, que não pode ser isolada das situações interpessoais, sendo o comportamento interpessoal tudo quanto pode ser entendido como personalidade".

Todos esses psicanalistas citados derivaram para uma visão culturalista, afastando-se dos conceitos que dão sustentação ao pensamento freudiano.

O mais importante dissidente foi Carl Gustav Jung. Médico suíço, conheceu a Psicanálise, identificou-se com seus pressupostos, desenvolveu uma relação muito rica com Freud, a ponto de ter sido considerado seu herdeiro. Foi presidente da Associação Internacional de Psicanálise, mas decidiu renunciar à presidência e deixar de ser seu integrante. Suas divergências com Freud eram em relação a pontos fundamentais sobre a construção da personalidade. Desenvolveu os conceitos de Inconsciente Individual e seus complexos; *persona*; *anima* e *animus*, sombra, inconsciente coletivo, e outros que você deverá aprofundar ao longo de sua formação. Sua teoria é belíssima e sugerimos a leitura do livro *Memórias, sonhos e reflexões*.

No Brasil, a Psicanálise chegou por meio da Medicina, pelas mãos do dr. Franco da Rocha, professor da Universidade de São Paulo que, em 1919, publicou *A doutrina de Freud*, e do dr. Durval Marcondes, primeiro psicanalista brasileiro, tradutor das *Obras completas*. Se puder, leia o breve agradecimento de Freud à tradução brasileira de sua obra, que se encontra logo no início das *Obras Completas*, publicada pela Editora Imago.

Também os artistas e os intelectuais modernistas, especialmente da literatura, leram Freud e discutiram seu pensamento. Oswald Andrade, Mário de Andrade, Manuel Bandeira e Carlos Drummond de Andrade introduziram a literatura freudiana no contexto intelectual brasileiro. Aliás, você sabia que Freud chegou a receber um Prêmio Goethe de Literatura?

CAPÍTULO 8

# O DESENVOLVIMENTO HISTÓRICO DA PSICOLOGIA NO BRASIL: EVOLUÇÃO DA LEGISLAÇÃO DA PROFISSÃO E PRINCIPAIS CAMPOS DE ATUAÇÃO

O objetivo deste capítulo é apresentar o caminho de construção da Psicologia no Brasil, porque já pudemos acompanhar seu trajeto da Alemanha, onde nasceu, para os Estados Unidos, terreno fértil no qual cresceu e se desenvolveu.

Nos primeiros capítulos, ressaltamos a importância histórica da Medicina e da Filosofia no surgimento da Psicologia e, no Brasil, os médicos também foram a primeira força de sua divulgação e implantação.

Os primeiros registros médicos de que se tem notícia no Brasil datam de 1º de maio de 1500 e mencionam que o primeiro médico a aportar no país integrava a frota de Pedro Álvares Cabral e era conhecido como "Mestre João", que também era físico e astrólogo, dois saberes que simbolizavam a Medicina da época na Europa.

Na carta escrita a el-rei D. Manuel, Pero Vaz de Caminha fez uma primeira descrição do Brasil nos seguintes termos:

> (...) uma légua e meia de povoação, em que haveria nove ou dez casas, as quais eram tão compridas cada uma, como esta nau capitânia. Eram de madeira, e das ilhargas tábuas, e cobertas de palha, de razoada altura; todas de uma peça só, sem nenhum compartimento, tinham dentro muitos esteios; e, de esteio em esteio, uma rede atada pelos cabos, alta, em que dormiam lhes davam a comer daquela vianda que eles tinham, a saber: muito inhame e outras sementes que na terra há e eles comem. Papagaios vermelhos, muito grandes e formosos, e dois verdes pequeninos, e carapuças de penas verdes, e um pano de penas de muitas cores, maneira de te-

> cido assaz formoso, segundo Vossa Alteza todas estas cousas verá, porque o Capitão vo-las há de mandar, segundo ele disse... Eles não lavram, nem criam. Não há aqui boi, nem vaca, nem cabra, nem ovelha, nem galinha, nem qualquer outra animália, que acostumada seja ao viver dos homens. Nem comem senão desse inhame, que aqui há muito, e dessa semente e frutos, que a terra e as árvores de si lançam. E com isto andam tais e tão rijos e tão nédios que o não somos nós tanto, com quanto trigo e legumes comemos. (Freitas, *apud* Carpigiani, 2007, p.100-102)

A narrativa surpresa de Pero Vaz de Caminha inclui a descrição dos índios como homens robustos, fortes e ágeis, desprovidos das doenças terríveis que assolavam a Europa do século XVI. Quando o índio brasileiro adoecia, o costume determinava que deveria ser tratado pelo pajé, pois era ele quem conhecia as propriedades terapêuticas da flora nativa.

A imagem paradisíaca durou pouco tempo, pois, à medida que o contato do povo nativo com os colonizadores se aprofundava, as enfermidades começaram a proliferar. Com a colonização, os brancos trouxeram consigo os germes de suas doenças, contaminando os índios, sobretudo de varíola e sarampo. Mais tarde, os negros também trouxeram novas doenças, como a febre amarela.

Uma das características do período colonial foi a falta de médicos e de medicamentos.

> (...) no século XVII, a colônia portuguesa da América era identificada como "o inferno", onde os colonizadores brancos e os escravos africanos tinham poucas chances de sobrevivência. Os conflitos com os indígenas, as dificuldades materiais da vida na região e sobretudo as múltiplas e frequentes enfermidades eram os principais obstáculos para o estabelecimento dos colonizadores. (Freitas, 1976, p. 5)

O problema sanitário no Brasil colônia dificultava o projeto dos colonizadores portugueses, o que fez o Conselho Ultramarino português (órgão responsável pela administração das colônias) instituir um cargo que demorou alguns anos para ser preenchido: o de físico e cirurgião-mor. Os indicados teriam como função cuidar da saúde da colônia, mas poucos médicos aceitavam ser transferidos para o Brasil. O salário era baixo, as condições de trabalho, duvidosas e havia o medo da terra selvagem.

De acordo com Carpigiani (2007), por tais razões, o que se sabe a respeito do início da terapêutica médica é que se apoiava: no conhecimento dos jesuítas, no conhecimento dos índios sobre os efeitos curativos das plantas e nos comportamentos míticos ligados aos rituais feiticeiros que os negros lideravam. Os curandeiros desempenhavam esse papel e a população os preferia aos poucos médicos disponíveis no país.

Inicialmente, conforme relata Santos-Filho (1967), a história do desenvolvimento da Medicina no Brasil pode ser dividida em três períodos:

**Medicina indígena**: conforme descreve Góis (2005, p. 40), as doenças mais comuns enfrentadas pelos nativos "eram as disenterias, febres, mordidas de animais peçonhentos, pneumonia, ferimentos de guerra", tratadas com os recursos oferecidos pela natureza dentro dos rituais míticos. O médico era o pajé que dominava o conhecimento sobre as plantas de região.

**Medicina jesuítica**: segundo Góis (2005, p. 41), com a chegada dos jesuítas, a situação da saúde dos índios tornou-se bem diferente daquela descrita no momento do descobrimento. Em 1580 chegaram ao Brasil os escravos trazendo uma série de doenças, como varíola e sarampo, para as quais os índios não possuíam resistência e que, portanto, os contaminava rapidamente. Os jesuítas assumiram então o papel de médicos, criando, nos colégios, espaços próprios de atendimento tanto para o índio quanto para o escravo e demais pessoas. Aos poucos, os jesuítas foram dominando a medicina indígena, diminuindo a influência dos pajés. Esse tipo de medicina perdurou até o século XVI.

**Medicina dos médicos e dos cirurgiões**: os primeiros médicos instalaram-se com o intuito de fazer pesquisa, mas encontraram muitas dificuldades. Os tratamentos por eles indicados eram feitos à base de purgantes e sangrias que, segundo Bertolli (2003, p. 6): "enfraqueciam os pacientes e causavam a morte daqueles em estado mais grave". Esses primeiros médicos vinham de Portugal ou da Espanha com poucos recursos culturais, bibliográficos, medicamentosos e baseavam sua prática na observação.

Além dos médicos, havia os cirurgiões que se dividiam em três categorias e atuavam em vilas ou povoados. Os "cirurgiões-barbeiros" aprendiam a prática com um profissional cirurgião e trabalhavam onde não havia médicos; o "cirurgião-aprovado", que havia feito o curso em hospitais, e o "cirurgião-formado", que estudara fora do Brasil. Esses cirurgiões atendiam a população, em geral nas próprias residências, procedendo a técnicas de sangria, amputações etc., realizadas de maneira considerada descuidada e com riscos de infecções e morte.

> (...) em 1746 havia apenas seis médicos graduados em universidades europeias O capitão-general Luiz de Mascarenhas, que administrava a capitania de São Paulo, reconhecia que os médicos europeus eram raros e caros... Os boticários (espécie de farmacêutico) negavam-se a socorrer enfermos sem dinheiro... O capitão exaltava a eficiência dos remédios populares... dos curadores e também dos padres da Companhia de Jesus para tratar da saúde. (Bertolli, 2003, p. 6-7)

Esta situação descontrolada levava à proliferação de vários tipos de epidemias, com características desconhecidas para os médicos. Um desses surtos foi o de varíola. Nem médicos, nem curandeiros, nem jesuítas sabiam como lidar com o problema. Os registros mostram que os doentes eram afastados do ambiente e, na maioria das vezes, morriam sozinhos nas matas. Não são encontradas referências ou registros sobre as formas de comunicação e de relação entre os médicos e os doentes no período do Brasil-colônia.

Durante o Brasil Império, a Medicina foi forçada a assumir um caráter sanitarista, voltado para medidas de higiene, principalmente com a chegada da corte portuguesa. O porto do Rio de Janeiro foi o ponto de partida para essas ações. Os serviços médicos eram, de início, liderados por um cirurgião-mor do Exército e por um físico-mor do reino, cargos ditados por alvarás de D. João VI e, pouco a pouco, foi havendo a descentralização do cargo para que a população, em crescimento, fosse mais bem atendida. A preocupação, na época, era de caráter social, uma vez que as epidemias eram frequentes e preocupantes.

Foram fundadas as academias médico-cirúrgicas do Rio de Janeiro (1813) e da Bahia (1815) que, na verdade, constituíram as primeiras escolas de Medicina brasileiras. Os médicos do Império atuavam principalmente na Corte e continuavam entendendo muito pouco a respeito das causas das epidemias, como a da febre amarela. Havia também poucos hospitais públicos e Santas Casas e, para os pobres, ainda restavam os curandeiros negros que continuavam assumindo o tratamento de grande parcela da população.

Durante esse período, desenvolveram-se algumas pesquisas, foram criados os primeiros laboratórios e a atenção se voltou para a assistência de caráter hospitalar. Mesmo assim:

> O Brasil mantinha a fama de ser um dos países mais insalubres do planeta. Era comum aconselhar aos viajantes europeus que evitassem os portos nacionais. (Bertolli, 2003, p. 11)

Agora vamos propor um jogo de memória, atual e pregressa, e para isso iremos deparar com muitas datas, para que o leitor possa ambientar os contextos em que os fatos se desenrolaram. Sugerimos também que se consulte o site do Conselho Regional de Psicologia (CRP)[1], onde se poderá aprofundar as informações aqui mencionadas.

Quando em 1879, nos laboratórios de Leipzig, nascia a Psicologia, o Brasil estava passando pelo declínio da Monarquia em direção à República. Como curiosidade, podemos recordar que no dia 5 de março de 1879:

> o deputado baiano Jerônimo Sodré Pereira, discursando na Câmara, afirmou que era preciso que o poder público olhasse para a condição de cerca de um milhão de brasileiros, que jaziam ainda em condição de cativeiro. Nesta altura do discurso, foi apartado por alguém que disse: Brasileiro, não. (Nadai e Neves, 1995, p. 220)

---

[1] Visite o site www.crpsp.org.br.

Politicamente, a situação brasileira era complexa. A pesquisa médica desenvolvia-se no Brasil República e, a partir de 1889, eram tantas as pestes e epidemias que proliferavam em focos por todo o território, que o país foi forçado a fazer pesquisas em direção à descoberta de vacinas e promover o aumento dos planos de atendimento hospitalar e estudos estratégicos de prevenção. Nesse período, mesmo com a resistência das duas escolas de Medicina já instituídas no país, ganhou força o movimento voltado para a prevenção, que pretendia, especificamente, a pesquisa sobre as doenças que atingiam a comunidade: as epidemias. Surgiu então a Saúde Pública com o objetivo de promover o desenvolvimento da Medicina sanitária.

Na década de 1890, ano em que o funcionalista William James publicou *The principles of psychology*, livro que foi elegantemente avaliado por Wundt como: "uma literatura dotada de beleza, mas não é psicologia", o Brasil acabava de assinar a Lei Áurea (13 de maio de 1888), e de se tornar República Federativa (15 de novembro de 1889), o que significava que estavam se formando os estados e um Distrito Federal. Houve também, nesse período, uma reforma do ensino denominada "Reforma de Ensino Benjamin Constant" que, pelas disciplinas "Filosofia" e "Pedagogia", introduziu o ensino da Psicologia em escolas secundárias, seminários e cursos para ingresso nas Faculdades de Direito. Em 1892, acabava a Monarquia e a Medicina evoluía, inaugurando:

> os primeiros laboratórios Bacteriológico, Vacinogênico e de Análises Clínicas e Farmacêuticas. Ampliados formaram-se, respectivamente, nos institutos Butantã, Biológico e Bacteriológico. (Bertolli, 2003, p. 17),

Na realidade, fora do eixo Rio-São Paulo, quase nada se fazia em termos de saúde pública. A divisão de classes por critérios econômicos foi e tem sido a característica principal para o encaminhamento desse tipo de política na área da saúde. O efeito positivo na higiene pública alcançou as elites econômicas, porém, nas camadas pobres da população, os projetos não frutificavam. Enquanto todas essas ações aconteciam no território brasileiro, em 1893, o estruturalista Titchener começava a organizar seu primeiro laboratório na Universidade de Cornell. No decorrer dessa década, foi criado o Laboratório de Psicologia Pedagógica, foram defendidas teses de doutorado que abordavam questões referentes ao funcionamento psíquico, como: "Psicofísica da percepção e representações", de José Estelita Tapajós. Nessa década, um nome importante que desponta é o de Franco da Rocha,

Em 1900, quando Freud lançou o livro *A interpretação dos sonhos*, o Brasil estava aprovando a primeira legislação sobre "assistência aos alienados" (1903). Quando do manifesto de Watson, em 1913, o Brasil experimentava o início da industrialização, portanto nascia a classe operária e também uma burguesia industrial. Um ano mais tarde, 1914, foi criado o "Laboratório de Psicologia Experimental na Escola Normal de São Paulo mais tarde transferido para a cátedra de Psicologia da Faculdade de Filosofia e Letras". (CRP, *100 anos de Brasil.*)

Em 1921, passou-se a oferecer Psicologia como disciplina optativa para a formação de professores e, dois anos depois, em 1923, foi criado o primeiro laboratório de psicologia da Colônia de Psicopatas do Engenho de Dentro, no Rio de Janeiro.

Em 1929, Köhler publicou o livro *Psicologia da Gestalt* e já estivera no Brasil, proferindo uma série de palestras em São Paulo e no Rio de Janeiro. O Brasil já havia passado pela Semana de Arte Moderna e se preparava para a Revolução de 1930, quando Getúlio Vargas assumiu o poder por quinze anos. Nessa década, o estudo sobre testes e suas aplicações se desenvolveu bastante.

Nas décadas de 1920 e 1930, o sistema de saúde brasileiro foi se construindo nos mesmos moldes dos demais países latino-americanos. No início de 1930 e, a partir de um conjunto de reformas políticas que propiciou a centralização do Estado, as áreas sanitária e educacional passaram a compor um único Ministério, o Ministério da Educação e da Saúde Pública. Em 1932, elabora-se o primeiro projeto de curso de formação de psicólogos profissionais, com quatro anos de duração, e iniciam-se estudos sobre crianças, criação de testes e é realizado o I Congresso Paulista de Psicologia, Neurologia, Psiquiatria, Endocrinologia, assim com os primeiros estudos no campo da Psicologia Social.

Nos decênios de 1950 e 1960, Carl Rogers tornava-se um nome importante na Psicologia norte-americana por meio de sua teoria e técnica de trabalho clínico. No Brasil instituia-se o populismo, conhecido nos discursos políticos, em especial naqueles pronunciados por João Goulart. Em 1954, é criada a Associação Brasileira de Psicólogos.

Podemos observar que a Psicologia chega ao Brasil pelos caminhos da Educação e, ao longo do século XIX, como uma disciplina que vai sendo assimilada pela Faculdade de Direito de São Paulo, pelos Seminários Episcopais, pelas Escolas Normais (que formavam professores), e pelas Faculdades de Medicina. Houve uma inserção vagarosa, mas algumas áreas de atuação foram se delineando. Há algumas décadas, facilmente eram identificados os grandes campos de atuação do psicólogo, conforme segue:

**Psicologia Geral**: referia-se a uma área de estudos destinada a abordar os processos gerais e abstratos que compõem o mundo psíquico, entre os quais percepção, atenção, memória, motivações, inteligência, afetos, pensamento. As pesquisas em Psicologia Geral envolviam a análise do funcionamento psíquico, como o estudo de diferentes formas de memória e sua relação com o contexto cultural e os diferentes tipos de atenção e suas manifestações durante o desenvolvimento do sujeito. As pesquisas e teorias em Psicologia Geral forneceram amplo material de apoio para os demais ramos de desenvolvimento e áreas de investigação em Psicologia.

**Psicologia do Desenvolvimento**: objetivava compreender a evolução da inteligência, afeto e relacionamento social do ser humano, desde o nascimento até a morte, a fim de descobrir formas de mensurar, avaliar e interpretar a organização mental. Utilizando métodos de observação e experimentação, pretendia descrever as transformações psicológicas naturais que o sujeito sofre no decorrer de seu ciclo vital. A preocupação com o estudo científico e sistematizado de crianças instalou-se no início do século XX. Nos Estados Unidos podemos citar Gesell, que procurou firmar uma escala de desenvolvimento, enquanto na França temos Binet, voltado para a mensuração da inteligência. A Psicologia do desenvolvimento observa, descreve e explica os processos que pertencem e interferem na construção da personalidade a partir da relação inicial mãe-bebê, reconhecendo capacidades, potenciais, ansiedades e angústias próprias de cada etapa do desenvolvimento e detectando possibilidades de desvios, distúrbios, deficiências ou doenças, quer na relação desse sujeito com o meio, quer no ajuste escolar, na produção e nas relações afetivas.

**Psicologia Social**: conhecida como a parte da Psicologia que desenvolve um estudo científico do indivíduo em relação com outros indivíduos ou em situação coletiva. Conceitua Psicologia Social como a ciência que:

> (...) estuda as manifestações comportamentais suscitadas pela interação de uma pessoa com outras pessoas, ou pela mera expectativa de tal interação (...); um aperto de mão, uma reprimenda, um elogio, um sorriso, um simples olhar de uma pessoa em direção a outra suscitam nesta última uma resposta que caracterizamos como social (...); interação humana constitui, pois, o objeto material da Psicologia Social. Na clínica, a pesquisa em Psicologia Social oferece técnicas que podem ser utilizadas em terapias grupais e familiares, as quais poderão servir como catalisadoras e reconhecedoras dos conflitos e da dinâmica afetiva presentes nas relações entre os elementos de um determinado grupo. Além dessas áreas, também a empresa tem empregado técnicas de dinâmica e leitura grupal nos setores de administração, principalmente na área de recursos humanos. (Rodrigues, 1973, p. 3)

**Psicologia Educacional e do Estudo da Inteligência**: em parte apoiada nas pesquisas de outras áreas de estudo em Psicologia, como Psicologia Geral, Social e do Desenvolvimento, a Psicologia Educacional voltou-se para as características próprias da aprendizagem humana e seus desdobramentos, transformando-se ela mesma em um terreno fértil de trabalho. É da pesquisa sobre aprendizagem que derivam as reformulações sobre os objetivos do ensino, as capacidades de aprendizagem, as relações entre educadores, educandos e conteúdo. A Psicologia Educacional é uma fonte de informações que funciona como um pano de fundo auxiliar para o educador adquirir e repensar suas ações e para formular e verificar hipóteses viáveis no contexto acadêmico, gerando pesquisa e ensinos férteis e úteis à sociedade. Na Psicologia Educacional, são adotadas teorias de construção da inteligência que fornecem matéria para as didáticas e metodologias desenvolvidas pelo educador.

**Psicologia Clínica e Preventiva**: a Psicologia Clínica pode, portanto, estruturar sua prática nas teorias Behaviorista, Cognitivista, da Gestalt, Psicanalítica etc., seja na análise das angústias do sujeito, em um trabalho clínico institucional preventivo, seja na orientação familiar ou do adolescente, normal ou patológico. A escolha da linha de trabalho em Psicologia não é um trabalho fácil. O estudante passa por dúvidas, angústias e incertezas até determinar a forma de intervenção mais compatível com sua filosofia de vida e visão de mundo e de homem. No entanto, esse minucioso e profundo trabalho de decisão deve ser visto como necessário para o amadurecimento como pessoa e, consequentemente, como profissional.

Para conhecer em profundidade o desenvolvimento da História da Psicologia no Brasil, sugerimos que sejam lidos os livros e as publicações das psicólogas doutoras Marina Massimi (1990) e Mitsuko Aparecida Makino Antunes, pesquisadoras incansáveis nessa área, onde os alunos poderão passear pelos caminhos que marcaram a formalização da ciência em nosso país.

Citaremos agora um importante trabalho realizado pelo psicólogo e professor doutor Armando Rocha Júnior, a quem pedimos a gentileza, desde a primeira edição deste livro, de apresentar os resultados de sua pesquisa de base histórica sobre a constituição da profissão de psicólogo no Brasil.

A seguir, reproduzimos seu estudo[2] na íntegra.

> Para escrevermos, (...) tivemos a preocupação de conseguir contar um pouco da história da Psicologia no Brasil sem me tornar enfadonho, principalmente para aqueles que estão iniciando seus estudos em Psicologia e, possivelmente, receberão a indicação dessa obra como leitura básica.
> Em minha experiência como docente, sempre tive claro que os alunos se interessam em conhecer os caminhos percorridos pela ciência e profissão que escolheram para atuar, contudo, costumeiramente, preferem as formas mais objetivas de comunicação. É exatamente dessa forma que pretendo contar aos leitores o pouco que sei sobre a trajetória da Psicologia. Antes de mais nada, proponho aos leitores uma reflexão sobre o quanto é

---

[2] Rocha Jr., A. A psicologia no Brasil: Histórico e perspectivas atuais. IN: *Psicologia: das raízes aos movimentos contemporâneos*. 2 ed. São Paulo: Pioneira, 2002. p. 99.

jovem a Psicologia e a profissão de psicólogo no Brasil. Por exemplo, acredito que muitos já escutaram falar quanto é antiga a Medicina. Se pensarmos na milenar Medicina Chinesa então, nos sentiremos, com certeza, muito inseguros e frágeis científica e profissionalmente. Esses sentimentos são comuns quando não conhecemos bem a Psicologia e o quanto ela conseguiu progredir em tão pouco tempo. Pensando-se em tempo concreto, a Psicologia como ciência começou a desenvolver-se mais ruidosamente há cerca de 100 anos e somente há 37, os psicólogos brasileiros puderam assumir a sua profissão oficialmente, visto que ela foi regulamentada em 1962.

## Da regulamentação da profissão até a década de 1980

A profissão de psicólogo foi criada pela Lei n. 4.119 de 27/8/1962, momento em que já havia alguns cursos de graduação e especialização em Psicologia. Nessa época, também já estava constituída a Associação Brasileira dos Psicólogos, criada em 1954, com sede no Rio de Janeiro. O primeiro currículo mínimo oficial, ou seja, o conjunto mínimo de disciplinas que deveriam ser oferecidas nos cursos de graduação de Psicologia, foi fixado pelo Conselho Federal de Educação, em 1963, e expressava uma visão do que se ensinava nesses cursos isolados e da prática profissional em Psicologia exercida especialmente por pedagogos.

Essa prática era desenvolvida, principalmente, em instituições, uma vez que o trabalho em consultórios, segundo Chaves (1992), era bem restrito, em razão da quase inexistência de cursos de Psicologia.

Nas instituições, a prática da Psicologia estava voltada à doença mental e ao ajustamento educacional. Trabalhavam profissionais formados no exterior e mais aqueles que, tendo realizado aqui cursos superiores, em especial nas áreas de Educação, Filosofia e Ciências Sociais, passavam a trabalhar fazendo aplicações de Psicologia, complementando, pelas experiências diárias, sua formação acadêmica.

Nessa época, havia em São Paulo apenas os cursos da Universidade de São Paulo (USP) e da Pontifícia Universidade Católica (PUC). A partir do primeiro currículo mínimo oficial e, portanto, da regulamentação da profissão, ocorreu sua ampliação extraordinária, sobretudo nas áreas clínica e de psicometria. Tal expansão procurava preencher os espaços de uma sociedade carente de serviços de Psicologia e das próprias instituições que começavam a valorizar o trabalho dos profissionais de Psicologia. Além disso, com a primeira turma do curso de Psicologia, formada pela PUC do Rio de Janeiro, em 1960, as várias especialidades começaram a aparecer, tanto na prática quanto nas reuniões científicas, indicando, assim, a consolidação da profissão.

Com o golpe militar de 1964 e a instalação de um regime repressivo, o avanço da Psicologia e suas conquistas foram logo retardadas, pois o Ministério da Educação decidiu fazer alterações nos currículos.

Essas mudanças, aparentemente sutis, baseavam-se em particular na valorização de disciplinas próprias das Ciências Biológicas, em detrimento daquelas vinculadas às Ciências Humanas, especialmente a Filosofia e a Sociologia. Além disso, foi incluída no currículo mínimo a disciplina Psicologia Comunitária. Esta sempre teve sua importância reconhecida, tanto que está sendo incluída em vários currículos plenos. Contudo, naquela época, seus objetivos foram manipulados pelo governo. O que se pretendia com isso era o desenvolvimento de técnicas que possibilitassem a manipulação de massas, penetrando-se em diversos grupos da sociedade, com o intuito de convertê-lo à prática do Estado. Em 1969, houve uma corrida em direção à criação dos cursos de Psicologia por causa da reforma universitária que permitiu um aumento expressivo das faculdades particulares.

Em 1970, já haviam sido criados vários cursos na rede privada, tanto na capital quanto no interior, cursos que, com algumas exceções, permanecem ativos até hoje. No entender de Chaves (1992), essa expansão foi muito ruim para a ciência e para a profissão, pois surgiram escolas sem controle, com baixa qualidade de ensino e formação muito precária para os estudantes.

Desse momento histórico até o início da década de 1980, duas forças distintas, professores e estudantes dos cursos de Psicologia, mantiveram discussões e elaboraram propostas de reestruturação do currículo de Psicologia. Tais forças decorreram, principalmente, das exigências técnico-profissionais com o objetivo de se proceder à avaliação de aproximadamente quinze anos de regulamentação da profissão (Lei n. 4.119, de 1962). Constituíram-se também como campo de luta contra a ditadura militar em que se transformou a universidade brasileira, sob a égide do compromisso político a favor dos oprimidos e contra o controle ideológico-político imposto à universidade e à sociedade brasileira.

Certamente, tais forças não foram exercidas literalmente e, tampouco, produziram consenso quanto às modificações introduzidas. Contudo, um resultado constatável desse período, segundo Odair Sass, conselheiro-presidente do CRP-06, é que para alguns, que desejavam modificações mais profundas, os efeitos obtidos ficaram restritos à inclusão de algumas disciplinas, à declaração de que a formação seria mais crítica e condizente com a realidade brasileira: muito aquém, portanto, das exigências. Para outros, que não desejavam mudança alguma, os resultados deformaram a Psicologia e a formação do psicólogo de seu leito normal.

## O "currículo mínimo" de Psicologia

O currículo mínimo dos cursos de Psicologia foi estabelecido pelo Parecer n. 403, do Conselho Federal de Educação, cujo relator foi o professor Valnir Chagas. Veio acompanhado pela respectiva resolução que passou a vigorar a partir de 1963.

De acordo com essa resolução, o currículo mínimo do curso de Psicologia para o Bacharelado e Licenciatura e a formação de Psicólogo se compõe de um corpo de disciplinas constantes dos Quadros I e II que apresento aos leitores, sobretudo àqueles ligados à Psicologia (profissionais ou alunos), à guisa de curiosidade e até de comparação com o que existe atualmente e ainda deverá ser atualizado a partir da aprovação das novas Diretrizes Curriculares para os cursos de Psicologia, em processo de discussão.

|         Quadro 1: Currículo Mínimo de Psicologia:         |
|         Licenciatura e Bacharelado                        |
|         (Duração: 4 anos. Ano de implantação: 1963)       |
| --- |
| Fisiologia Estatística<br>Psicologia Geral e Experimental<br>Psicologia do Desenvolvimento<br>Psicologia da Personalidade<br>Psicologia Social<br>Psicopatologia Geral |

Os estágios supervisionados, ou seja, o treinamento prático na formação de Psicólogo, por sugestões do relator do Parecer n. 403, devem ser oferecidos ao longo de pelo menos 500 horas. A resolução que estabeleceu esse currículo mínimo não prevê os conteúdos a serem desenvolvidos nas diversas disciplinas, nem as respectivas emendas. Da mesma forma, não prevê a carga horária de cada uma delas.

| Quadro II: Currículo Mínimo de Formação de Psicólogo<br>(Duração: 5 anos. Ano de implantação: 1963) ||
| --- | --- |
| Obrigatórias | Optativas |
| Todas as disciplinas relacionadas no Quadro I, acrescidos de:<br>• Técnicas de Exame e Aconselhamento Psicológico<br>• Ética Profissional | Três disciplinas dentre as abaixo:<br>• Psicologia do Excepcional<br>• Dinâmica de Grupo e Relações Humanas<br>• Pedagogia Terapêutica<br>• Psicologia Escolar e Problemas de Aprendizagem<br>• Teoria e Técnicas Psicoterápicas<br>• Seleção e Orientação Profissional<br>• Psicologia da Indústria<br>• Estágio Supervisionado |

Obs.: Nos cinco anos de duração do curso de formação de Psicólogo, estão incluídos os estágios supervisionados e os quatro anos de bacharelado e licenciatura.

Nos últimos 31 anos, houve mudanças enormes no Brasil e no mundo, nos mais variados aspectos: cultural, social, político, ideológico etc. Questões como estresse, drogas e neurose urbana, entre outras, que, em 1963, mal despertavam a atenção dos psicólogos, hoje requerem sua intervenção. Com tais mudanças, novos paradigmas surgiram. Contudo, o currículo mínimo estabelecido para os cursos de Psicologia no início da década de 1960 (ver Quadros I e II), que vigorou até meados de 1995 (hoje extinto pelo Ministério da Educação e Cultura – MEC) ainda influencia muitos cursos.

Em 1978, houve uma tentativa muito séria de alterar o currículo mínimo. No entanto, pela primeira vez, criou-se um núcleo de psicólogos do país inteiro, com estudantes e profissionais que se posicionaram contra essa proposta de mudança. Por essa pressão, a modificação não aconteceu. Chegou-se à conclusão de que o currículo mínimo era péssimo, pois possibilitava um enfoque único dos cursos de Psicologia, direcionando-os às Ciências Biológicas e ao modelo médico, o que os distanciava cada vez mais das Ciências Sociais e das comunidades em que eram implantados. Mesmo com essas críticas, as mudanças que estavam sendo propostas para o currículo mínimo eram vistas como piores em relação ao que já se tinha, pois contemplavam primordialmente o trabalho institucional, cerceando a autonomia profissional em nome do Estado. Além disso:

> (...) ainda não ofereciam uma formação generalista ao aprendiz, impedindo-o de possuir uma gama maior de possibilidade de atuação no mercado de trabalho. (Moreira, 1991, p. 7)

O fato é que até o final da década de 1980, apenas mudanças tênues foram tentadas sem sucesso prático. Contudo, desde 1991, vem-se discutindo intensamente a forma de se administrar e coordenar a Psicologia no Brasil. Também é perceptível que os psicólogos desejam uma revisão profunda no modelo de formação profissional (currículo) e nas entidades que os representam, exigindo uma redefinição de papéis e de funções no mercado profissional, seja nas instituições públicas, seja nas particulares.

Com base na análise dos fatos e discussões que objetivam as mudanças em relação ao currículo mínimo, até o início de 1994, observou-se que, durante toda a década de 1970, o que se conseguiu realmente foi a inclusão e a supressão de algumas disciplinas dos currículos, a exemplo de Filosofia, Antropologia e Sociologia, entre outras, sob a alegação de que a formação seria mais crítica e condizente com a realidade brasileira. Também se assistiu à forte tentativa, mas frustrada, de mudar o currículo imposto pelo MEC em 1962, havendo, nesse episódio, grande oposição de profissionais e estudantes dos cursos de Psicologia do Brasil inteiro.

Na década de 1980, a formação profissional foi acometida de certa calmaria e passividade, assistindo-se a pequenas mudanças, quase ajustes individuais de currículos sem qualquer expressão regional ou nacional.

Já a partir de 1990 e até hoje, os próprios órgãos representativos dos psicólogos – Conselho Federal e Conselhos Regionais – finalmente atendendo à vontade de mudanças de quase toda a categoria, tendem a mostrar um calendário de atividades bastante dinâmico, que teve início em 1992, com o I Encontro de Coordenadores de Curso de Formação de Psicólogos, destinado a ouvir os responsáveis pelos cursos de Psicologia das diversas agências formadoras e, com base nisso, elaborar propostas de alterações. Esse primeiro momento nacional de debates, conhecido como Encontro de Serra Negra, além de amadurecer ideias, foi útil para a preparação do Congresso Regional Constituinte, sobretudo por oferecer os setes princípios norteadores para a formação acadêmica, a fim de desenvolver:

1. A consciência política de cidadania e o compromisso com a realidade social e com a qualidade de vida;
2. A atitude de construção do conhecimento, enfatizando uma postura crítica, investigadora e criativa, fomentando a pesquisa em um contexto de ação-reflexão-ação, bem como viabilizando a produção técnico-científica;
3. O compromisso de ação profisssional cotidiana, baseada em princípios éticos, estimulando a reflexão permanente desses fundamentos;

4. O sentido de universidade, contemplando a interdisciplinaridade e a indissociabilidade entre ensino, pesquisa e extensão;
5. A formação básica pluralista, fundamentada na discussão epistemológica, visando à consolidação de práticas profissionais, conforme a realidade sociocultural, adequando o currículo pleno e cada agência formadora ao contexto regional;
6. Uma concepção de homem, compreendido em sua integralidade e na dinâmica de suas condições concretas de existência;
7. Práticas de interlocução entre os diversos segmentos acadêmicos, para a avaliação permanente do processo de formação. (Jornal do CRP, set-out 1994).

No Congresso Regional Constituinte, realizado em maio de 1994, portanto dois anos após o Encontro de Serra Negra, esses princípios foram mais bem discutidos e, posteriormente, transformados em propostas capazes de repensar, entre outros pontos, a formação profissional. Na prática, o Congresso Regional Constituinte, embora tenha produzido propostas, foi uma etapa preparatória para o Congresso Nacional Constituinte de Psicologia, que tinha também como objetivo rever a formação de seus profissionais, preocupação acentuada desde 1992 com o Encontro de Serra Negra.

No Congresso Nacional Constituinte, em agosto de 1994, ocorreram novas discussões sobre as propostas oriundas do Encontro de Serra Negra. A verdade é que, em relação à formação profissional, pouco se avançou, talvez por esse tema ter ficado para o último dia do Congresso, não havendo mais tempo para aprofundamentos. O que se fez de prático foi tomar algumas decisões para a implementação imediata e criar dois princípios de ação:

1. A formação deverá ser básica e consistente, mantendo a concepção do psicólogo generalista e abrangendo as variadas abordagens psicológicas e áreas de atuação;
2. A formação deverá desenvolver a posição científica, sempre voltada à produção de conhecimento, encarando a Psicologia como

algo não acabado e respeitando a interdisciplinaridade com outras áreas. (Jornal do CRP, set.-out., 1994)

Além disso, chamou a atenção, no Congresso Nacional de Psicologia, a forma de conduta das propostas acerca da Psicologia, uma vez que se pôs de lado o antigo conceito de fiscalização individual dos profissionais e escolas para se pensar a formação em termos do conjunto constituído pelas mesmas entidades.

Como se pode observar, de 1962, quando da regulamentação da profissão de psicólogo, até meados da década de 1990, uma série de discussões foi realizada sobre a nova profissão e, a partir daí, um novo rumo começou a ser delineado dia a dia.

## Os passos finais para a reestruturação curricular da graduação em Psicologia

Desde 1995, os psicólogos e, principalmente, as agências formadoras estão enviando, a pedido do Conselho Federal e dos Conselhos Regionais de Psicologia, propostas para a reestruturação curricular dos cursos de graduação em Psicologia.

Em 1998, foi instalada uma Comissão de Especialistas, indicada pela Secretaria de Educação Superior (SESU), com a missão de estudar e propor uma nova direção à formação em Psicologia. Os resultados do trabalho dessa Comissão já se fazem sentir, tanto que, em maio de 1999, os responsáveis pelos cursos de Psicologia no Brasil receberam uma minuta das Diretrizes Curriculares da Graduação em Psicologia, encaminhada pela referida comissão de especialistas. Trata-se de um material denso, com reconhecimento útil para aqueles que têm a responsabilidade de instalar e conduzir cursos de Psicologia no Brasil.

O documento sobre novas "Diretrizes Curriculares da Graduação em Psicologia", como é chamado, ainda em fase de discussão e aperfeiçoamento, trata das três etapas da formação em Psicologia: Licenciatura, Bacharelado e Formação do Psicólogo. Explicita grande importância a cada uma dessas etapas e, o que é melhor, sempre oferecendo uma definição clara de seus respectivos objetivos.

Além das três etapas da formação em Psicologia, outros aspectos, que em breve serão sentidos na formação profissional, também poderão ser destacados a partir das novas "Diretrizes Curriculares de Graduação em Psicologia". Não cabe nesse momento discutir essas Diretrizes, uma vez que estão em fase de aprimoramento e ainda levará algum tempo para sua total aprovação e aplicação; contudo, já estão estipulados os responsáveis pelos cursos de Psicologia do país a refletir sobre futuras mudanças a serem implementadas, as quais, muito provavelmente, trarão um novo impulso para a formação de Psicólogos no Brasil, ajustando os recém-formados às necessidades da comunidade e exigências do mercado de trabalho.

## O mercado de trabalho na atualidade

Atualmente, quando ouço qualquer discussão acerca de mercado de trabalho, independentemente da área de formação do profissional, as queixas são comuns, sempre baseadas na escassez de postos de trabalho. Assim sendo, as dificuldades são reais para os médicos, os engenheiros, os psicólogos, os dentistas etc.

Apesar de reconhecer esse problema, sempre que posso, aproveito as minhas aulas para refletir com os alunos que, apesar de a colocação profissional estar difícil para todos, ela não é impossível, desde que o recém-formado esteja preparado para disputá-la.

Acredito que nesse momento da leitura, tanto estudantes quanto profissionais ainda não inseridos no mercado de trabalho estão se perguntando como seria estar preparado para disputar uma vaga em sua área de formação.

O que sempre procuro informar a quem me questiona nesse sentido é que acredito que o emprego futuro começa a ser conquistado na época em que se está na universidade.

Entendo que todos os alunos passam pela universidade com uma certa tranquilidade, chegam pontualmente às aulas, são assíduos na frequência e pontuais na entrega dos trabalhos. Isso, a meu ver, é quase óbvio para a vida de um estudante, portanto algo mais precisa ser feito para você fugir do óbvio e ser um estudante com "algo a mais", possivelmente o "algo a mais" que vai garantir seu emprego após a formatura.

Pensando dessa maneira é que destaco as participações do aluno, mesmo que isso exija dele sacrifícios, em congressos, simpósios, encontros diversos, até mesmo os de iniciação científica, participação em grupos de pesquisa e/ou estudos, monitorias, cursos de extensão, aperfeiçoamento, além, é claro, de todos os estágios possíveis compatíveis com o momento em que o aluno se encontra em seu curso de formação.

Notem, caros leitores, especialmente aqueles que ainda são alunos, como se pode sair diferenciado para disputar o mercado de trabalho a partir de algumas atividades extracurriculares realizadas durante a graduação.

Dessa forma, aqueles que tiverem oportunidade, talvez vontade, eliminarão, com um currículo mais encorpado pelas atividades extras que realizaram, o famoso e batido fantasma da frase: "Precisa-se de recém-formado com EXPERIÊNCIA". Vocês sabem a que se refere essa experiência tão exigida dos recém-formados? Nada mais do que às participações extracurriculares ao longo da graduação. Além disso, um currículo recheado de atividades extracurriculares no mínimo demonstrará que aquele profissional recém-formado esforçou-se e se interessou na busca de novos conhecimentos e experiências em paralelo à sua formação profissional. Portanto, possivelmente terá algo a mais para oferecer àquele que o contratar. Notem que um currículo oferece ao selecionador muitas informações, as objetivas (o que está escrito) e as subjetivas (o que se deduz do que está registrado).

Após essas reflexões ou explicações, acredito ter deixado claro que logicamente entendemos que, como quase tudo na vida, o emprego após a conclusão da graduação, inclusive em Psicologia, é difícil; contudo, em hipótese alguma, é impossível.

Outro grande alento importante a destacar, em especial para a área de Psicologia, é em relação à sua vastidão. Afinal de contas, o psicólogo tem como mercado de trabalho, além das três grandes áreas conhecidas (clínica, escolar e organizacional), uma imensidão de campos, como: hospitalar, criminal, jurídico, forense, da propaganda, do marketing, do consumidor, institucional, social e da saúde pública, entre outras. Portanto, cabe a cada um de nós arregaçar as mangas e partir decididamente para conquistar o espaço que pode estar à nossa espera.

## Representação social atual da Psicologia

Após discutirmos e concluirmos que o mercado de trabalho não é o fantasma que imaginamos, seria interessante conhecer um pouco sobre a representação que a Psicologia tem para as pessoas, afinal são elas que constituem o mercado de trabalho do psicólogo, independentemente da área de atuação do profissional, uma vez que nós, profissionais da Psicologia, estudamos e trabalhamos para um objetivo básico: o bem-estar do homem.

Para tanto, eu gostaria de divulgar a conclusão de uma pesquisa que realizamos em parceria com alunos do primeiro semestre de 1995 do curso de Psicologia da Universidade Presbiteriana Mackenzie. Tal investigação teve como objetivo verificar o grau de conhecimento que a população em geral tinha sobre a Psicologia, o psicólogo e seu trabalho. Os resultados obtidos, embora tenham causado certa surpresa aos alunos, para mim, só coincidiram com o que já se conhecia sobre o tema a partir do contato mantido com os pacientes das clínicas-escolas de algumas universidades.

Na realidade, por mais nova que seja a Psicologia e a profissão de psicólogo, as pessoas da comunidade sabem perfeitamente o que é a ciência Psicologia e o trabalho que se espera do psicólogo.

Por mais humildes que sejam as pessoas, verificou-se que elas têm, na expressiva maioria, uma visão correta da Psicologia, talvez não tão ampla e detalhada, mas objetiva e certa, relacionando-se à ciência que estuda o comportamento.

Sobre o que é ser psicólogo, cerca de 60% das pessoas entrevistadas posicionaram-se corretamente, sem aqueles exageros ou respostas simplórias de que o psicólogo é um "médico de loucos". Quanto às áreas de atuação do psicólogo, a maioria das pessoas a cita corretamente e, para nossa empolgação maior, chegam a citar até mesmo áreas novas, consideradas um dos novos filões do campo de trabalho (por exemplo, a área hospitalar).

Além desse conhecimento, pelo menos um terço dos entrevistados faz ou fez uso dos serviços profissionais de um psicólogo em alguma fase de sua vida (infância, adolescência e adulta), fato bastante significativo por se tratar de uma parcela acentuada da população pesquisada, além de mostrar que as pessoas já falam do uso desses serviços profissionais sem qualquer constrangimento ou preconceito.

É importante ainda destacar que o nível de escolaridade não é tão significativo para que o indivíduo procure ou não os serviços de um psicólogo, podendo-se dizer a mesma coisa em relação a sexo, embora a diferença entre mulheres e homens que procuraram os serviços de Psicologia chegue a 18% a favor daquelas.

Nota-se, no entanto, que a condição financeira desfavorável, constante ou passageira, é um fator complicador para se procurar pelos serviços de Psicologia, sendo que, nesse particular, as clínicas-escolas, as consultorias-escolas e os serviços filantrópicos prestados pelos cursos de Psicologia ajudam consideravelmente os mais carentes.

> Em última análise, o que podemos perceber é que a comunidade vê com bons olhos e entende perfeitamente o que é Psicologia e os serviços prestados por profissionais dessa área, alertando-nos cada vez mais para a possibilidade de trabalhos preventivos em contraponto com o que mais se oferece hoje, os serviços de caráter curativo nas diversas áreas da Psicologia.

O texto formulado pelo professor Armando nos fornece o alicerce necessário para que possamos visualizar o trabalhoso processo de consolidação da Psicologia em nosso país.

As leis mudaram, as exigências do MEC foram revistas e atualizadas, a população tem expectativas em relação a essa profissão, que já saiu do seu período de adolescência, já tem uma identidade e já tem segurança de se impor no mercado de trabalho.

Atualmente, o MEC exige que, para ser reconhecido e bem avaliado, um curso ou uma Faculdade de Psicologia deve seguir um roteiro claro de estruturação e um projeto pedagógico bastante amplo.

Leia com atenção o documento transcrito a seguir, publicado pela revista *Psicologia: Teoria e Pesquisa*, maio-ago. 2004, v. 20 n. 2, p. 205-208.

## Notícia: Diretrizes Curriculares Nacionais Para os Cursos de Graduação em Psicologia[3]

Câmara de Educação Superior
Conselho Nacional de Educação
*News: National Curriculum Directives for Undergraduate Courses in Psychology*
Conselho Nacional de Educação
Câmara de Educação Superior
Resolução n. 8, de 7 de maio de 2004
Institui as Diretrizes Curriculares para os cursos de graduação em Psicologia.

O Presidente da Câmara de Educação Superior do Conselho Nacional de Educação, tendo em vista o disposto no Art. 9º, do § 2º, alínea "c", da Lei 9.131, de 25 de novembro de 1995, e com fundamento nos Pareceres CNE/CES 1.314, de 7 de novembro de 2001, retificado pelo CNE/CES 72, de 19 de fevereiro de 2002, em adendo ao CNE/CES 62, de 19 de fevereiro de 2004, homologado pelo Senhor Ministro de Estado da Educação em 12 de abril de 2004, resolve:

Art. 1º A presente Resolução institui as Diretrizes Curriculares Nacionais para os cursos de graduação em Psicologia, a serem observadas pelas Instituições de Ensino Superior do País.

Art. 2º As Diretrizes Curriculares para os cursos de graduação em Psicologia constituem as orientações sobre princípios, fundamentos, condições de oferecimento e procedimentos para o planejamento, a implementação e a avaliação deste curso.

---

[3] Notícia encaminhada pela Profª Maria Angela Guimarães Feitosa do Instituto de Psicologia da Universidade de Brasília. O documento refere-se à Resolução nº 8 de 2004, publicada no Diário Oficial da União em 18 de maio de 2004, Seção 1, p. 16 e 17. Pode ser consultado, juntamente com os pareceres CNE/CES nº 1.314, de 7 de novembro de 2001, CNE/CES nº 72, de 20 de fevereiro de 2002 e CNE/CES nº 62, de 19 de fevereiro de 2004 em http://www.mec.gov.br/cne/diretrizes.shtm.

Art. 3º O curso de graduação em Psicologia tem como meta central a formação do Psicólogo voltado para a atuação profissional, para a pesquisa e para o ensino de Psicologia, e deve assegurar uma formação baseada nos seguintes princípios e compromissos:

a) Construção e desenvolvimento do conhecimento científico em Psicologia;
b) Compreensão dos múltiplos referenciais que buscam apreender a amplitude do fenômeno psicológico em suas interfaces com os fenômenos biológicos e sociais;
c) Reconhecimento da diversidade de perspectivas necessárias para compreensão do ser humano e incentivo à interlocução com campos de conhecimento que permitam a apreensão da complexidade e multideterminação do fenômeno psicológico;
d) Compreensão crítica dos fenômenos sociais, econômicos, culturais e políticos do país, fundamentais ao exercício da cidadania e da profissão;
e) Atuação em diferentes contextos considerando as necessidades sociais, os direitos humanos, tendo em vista a promoção da qualidade de vida dos indivíduos, grupos, organizações e comunidades;
f) Respeito à ética nas relações com clientes e usuários, com colegas, com o público e na produção e divulgação de pesquisas, trabalhos e informações da área da Psicologia;
g) Aprimoramento e capacitação contínuos.

Art. 4º A formação em Psicologia tem por objetivos gerais dotar o profissional dos conhecimentos requeridos para o exercício das seguintes competências e habilidades gerais:

a) Atenção à saúde: os profissionais devem estar aptos a desenvolver ações de prevenção, promoção, proteção e reabilitação da saúde psicológica e psicossocial, tanto em nível individual quanto coletivo, bem como a realizar seus serviços dentro dos mais altos padrões de qualidade e dos princípios da ética/bioética;
b) Tomada de decisões: o trabalho dos profissionais deve estar fundamentado na capacidade de avaliar, sistematizar e

decidir as condutas mais adequadas, baseadas em evidências científicas;

c) Comunicação: os profissionais devem ser acessíveis e devem manter os princípios éticos no uso das informações a eles confiadas, na interação com outros profissionais de saúde e o público em geral;

d) Liderança: no trabalho em equipe multiprofissional, os profissionais deverão estar aptos a assumirem posições de liderança, sempre tendo em vista o bem estar da comunidade;

e) Administração e gerenciamento: os profissionais devem estar aptos a tomar iniciativas, fazer o gerenciamento e administração da força de trabalho, dos recursos físicos e materiais e de informação, da mesma forma que devem estar aptos a serem empreendedores, gestores, empregadores ou líderes nas equipes de trabalho;

f) Educação permanente: os profissionais devem ser capazes de aprender continuamente, tanto na sua formação, quanto na sua prática, e de ter responsabilidade e compromisso com a sua educação e o treinamento das futuras gerações de profissionais, estimulando e desenvolvendo a mobilidade acadêmica e profissional, a formação e a cooperação através de redes nacionais e internacionais.

Art. 5º A formação em Psicologia exige que a proposta do curso articule conhecimentos, habilidades e competências em torno dos seguintes eixos estruturantes:

a) Fundamentos epistemológicos e históricos que permitam ao formando o conhecimento das bases epistemológicas presentes na construção do saber psicológico, desenvolvendo a capacidade para avaliar criticamente as linhas de pensamento em Psicologia;

b) Fundamentos teórico-metodológicos que garantam a apropriação crítica do conhecimento disponível, assegurando uma visão abrangente dos diferentes métodos e estratégias de produção do conhecimento científico em Psicologia;

c) Procedimentos para a investigação científica e a prática profissional, de forma a garantir tanto o domínio de instrumentos e estratégias de avaliação e de intervenção, quanto a competência para selecioná-los, avaliá-los e adequá-los a problemas e contextos específicos de investigação e ação profissional;

d) Fenômenos e processos psicológicos que constituem classicamente objeto de investigação e atuação no domínio da Psicologia, de forma a propiciar amplo conhecimento de suas características, questões conceituais e modelos explicativos construídos no campo, assim como seu desenvolvimento recente;

e) Interfaces com campos afins do conhecimento para demarcar a natureza e a especificidade do fenômeno psicológico e percebê-lo em sua interação com fenômenos biológicos, humanos e sociais, assegurando uma compreensão integral e contextualizada dos fenômenos e processos psicológicos;

f) Práticas profissionais voltadas para assegurar um núcleo básico de competências que permitam a atuação profissional e a inserção do graduado em diferentes contextos institucionais e sociais, de forma articulada com profissionais de áreas afins.

Art. 6º A identidade do curso de Psicologia no país é conferida através de um núcleo comum de formação, definido por um conjunto de competências, habilidades e conhecimentos.

Art. 7º O núcleo comum da formação em Psicologia estabelece uma base homogênea para a formação no país e uma capacitação básica para lidar com os conteúdos da Psicologia enquanto campo de conhecimento e de atuação.

Art. 8º As competências reportam-se a desempenhos e atuações requeridas do formado em Psicologia, e devem garantir ao profissional um domínio básico de conhecimentos psicológicos e a capacidade de utilizá-los em diferentes contextos que demandam a investigação, análise, avaliação, prevenção e atuação em processos psicológicos e psicossociais, e na promoção da qualidade de vida. São elas:

a) Analisar o campo de atuação profissional e seus desafios contemporâneos;

b) Analisar o contexto em que atua profissionalmente em suas dimensões institucional e organizacional, explicitando a dinâmica das interações entre os seus agentes sociais;

c) Identificar e analisar necessidades de natureza psicológica, diagnosticar, elaborar projetos, planejar e agir de forma coerente com referenciais teóricos e características da população-alvo;
d) Identificar, definir e formular questões de investigação científica no campo da Psicologia, vinculando-as a decisões metodológicas quanto à escolha, coleta, e análise de dados em projetos de pesquisa;
e) Escolher e utilizar instrumentos e procedimentos de coleta de dados em Psicologia, tendo em vista a sua pertinência;
f) Avaliar fenômenos humanos de ordem cognitiva, comportamental e afetiva, em diferentes contextos;
g) Realizar diagnóstico e avaliação de processos psicológicos de indivíduos, de grupos e de organizações;
h) Coordenar e manejar processos grupais, considerando as diferenças individuais e socioculturais dos seus membros;
i) Atuar inter e multiprofissionalmente, sempre que a compreensão dos processos e fenômenos envolvidos assim o recomendar;
j) Relacionar-se com o outro de modo a propiciar o desenvolvimento de vínculos interpessoais requeridos na sua atuação profissional;
k) Atuar profissionalmente em diferentes níveis de ação, de caráter preventivo ou terapêutico, considerando as características das situações e dos problemas específicos com os quais se depara;
l) Realizar orientação, aconselhamento psicológico e psicoterapia;
m) Elaborar relatos científicos, pareceres técnicos, laudos e outras comunicações profissionais, inclusive materiais de divulgação;
n) Apresentar trabalhos e discutir ideias em público;
o) Saber buscar e usar o conhecimento científico necessário à atuação profissional, assim como gerar conhecimento a partir da prática profissional.

Art. 9º As competências básicas devem se apoiar nas habilidades de:
a) Levantar informação bibliográfica em indexadores, periódicos, livros, manuais técnicos e outras fontes especializadas através de meios convencionais e eletrônicos;

b) Ler e interpretar comunicações científicas e relatórios na área da Psicologia;
c) Utilizar o método experimental, de observação e outros métodos de investigação científica;
d) Planejar e realizar várias formas de entrevistas com diferentes finalidades e em diferentes contextos;
e) Analisar, descrever e interpretar relações entre contextos e processos psicológicos e comportamentais;
f) Descrever, analisar e interpretar manifestações verbais e não verbais como fontes primárias de acesso a estados subjetivos;
g) Utilizar os recursos da matemática, da estatística e da informática para a análise e apresentação de dados e para a preparação das atividades profissionais em Psicologia.

Art. 10º Pela diversidade de orientações teórico-metodológicas, práticas e contextos de inserção profissional, a formação em Psicologia diferencia-se em ênfases curriculares, entendidas como um conjunto delimitado e articulado de competências e habilidades que configuram oportunidades de concentração de estudos e estágios em algum domínio da Psicologia.

Art. 11º A organização do curso de Psicologia deve explicitar e detalhar as ênfases curriculares que adotará, descrevendo-as detalhadamente em sua concepção e estrutura.

§ 1º A definição das ênfases curriculares, no projeto do curso, envolverá um subconjunto de competências e habilidades dentre aquelas que integram o domínio das competências gerais do psicólogo, compatível com demandas sociais atuais e ou potenciais, e com a vocação e condições da instituição.

§ 2º A partir das competências e habilidades definidas, o projeto de curso deverá especificar conteúdos e experiências de ensino capazes de garantir a concentração no domínio abarcado pelas ênfases propostas.

§ 3º A instituição deverá oferecer, pelo menos, duas ênfases curriculares que assegurem possibilidade de escolha por parte do aluno.

§ 4º O projeto de curso deve prever mecanismos que permitam ao aluno escolher uma ou mais dentre as ênfases propostas.

Art. 12º Os domínios mais consolidados de atuação profissional do psicólogo no país podem constituir ponto de partida para a definição de ênfases curriculares, sem prejuízo para que no projeto de curso as instituições formadoras concebam recortes inovadores de competências que venham a instituir novos arranjos de práticas no campo.

§ 1º O subconjunto de competências definido como escopo de cada ênfase deverá ser suficientemente abrangente para não configurar uma especialização em uma prática, procedimento ou local de atuação do psicólogo. São possibilidades de ênfases, entre outras, para o curso de Psicologia:

a) Psicologia e processos de investigação científica que consiste na concentração em conhecimentos, habilidades e competências de pesquisa já definidas no núcleo comum da formação, capacitando o formando para analisar criticamente diferentes estratégias de pesquisa, conceber, conduzir e relatar investigações científicas de distintas naturezas;

b) Psicologia e processos educativos que compreendem a concentração nas competências para diagnosticar necessidades, planejar condições e realizar procedimentos que envolvam o processo de educação e de ensino-aprendizagem através do desenvolvimento de conhecimentos, habilidades, atitudes e valores de indivíduos e grupos em distintos contextos institucionais em que tais necessidades sejam detectadas;

c) Psicologia e processos de gestão que abarca a concentração em competências definidas no núcleo comum da formação para o diagnóstico, planejamento e uso de procedimentos e técnicas específicas voltadas para analisar criticamente e aprimorar os processos de gestão organizacional, em distintas organizações e instituições;

d) Psicologia e processos de prevenção e promoção da saúde, que consiste na concentração em competências que garantam ações de caráter preventivo, em nível individual e coletivo, voltadas a capacitação de indivíduos, grupos, instituições e comunidades para protegerem e promoverem a saúde e qualidade de vida, em diferentes contextos em que tais ações possam ser demandadas;

e) Psicologia e processos clínicos que envolve a concentração em competências para atuar, de forma ética e coerente com referenciais teóricos, valendo-se de processos psicodiagnósticos, de aconselhamento, psicoterapia e outras estratégias clínicas, frente a questões e demandas de ordem psicológica apresentadas por indivíduos ou grupos em distintos contextos;

f) Psicologia e processos de avaliação diagnóstica que implica na concentração em competências referentes ao uso e ao desenvolvimento de diferentes recursos, estratégias e instrumentos de observação e avaliação úteis para a compreensão diagnóstica em diversos domínios e níveis de ação profissional.

§ 2º As definições gerais das ênfases propostas no projeto de curso devem ser acompanhadas pelo detalhamento das competências e pelo conjunto de disciplinas que darão o suporte do conhecimento acumulado necessário para o seu desenvolvimento pelo formando.

§ 3º As ênfases devem incorporar estágio supervisionado estruturado para garantir o desenvolvimento das competências específicas previstas.

Art. 13º A formação do professor de Psicologia dar-se-á em um projeto pedagógico complementar e diferenciado, elaborado em conformidade com a legislação que regulamenta a formação de professores no país.

§ 1º O projeto pedagógico para a formação do Professor de Psicologia deve propiciar o desenvolvimento das competências e habilidades básicas constantes no núcleo comum do curso de Psicologia e daquelas previstas nas Diretrizes Nacionais para a formação do professor da Educação Básica, em nível superior.

Art. 14º A organização do curso de Psicologia deve, de forma articulada, garantir o desenvolvimento das competências do núcleo comum, seguido das competências das partes diversificadas – ênfases – sem concebê-los, entretanto, como momentos estanques do processo de formação.

Art. 15º O projeto do curso deve explicitar todas as condições para o seu funcionamento, a carga horária efetiva global, do núcleo comum e das partes diversificadas, inclusive dos diferentes estágios supervisionados, bem como a duração máxima do curso.

Art. 16º O projeto do curso deverá prever, outrossim, procedimentos de autoavaliação periódica, dos quais deverão resultar informações necessárias para o aprimoramento do curso.

Art. 17º As atividades acadêmicas devem fornecer elementos para a aquisição das competências, habilidades e conhecimentos básicos necessários ao exercício profissional. Assim, essas atividades devem, de forma sistemática e gradual, aproximar o formando do exercício profissional correspondente às competências previstas para a formação.

Art. 18º Os eixos estruturantes do curso deverão ser decompostos em conteúdos curriculares e agrupados em atividades acadêmicas, com objetivos de ensino, programas e procedimentos específicos de avaliação.

Art. 19º O planejamento acadêmico deve assegurar, em termos de carga horária e de planos de estudos, o envolvimento do aluno em atividades, individuais e de equipe, que incluam, entre outros:

a) Aulas, conferências e palestras;
b) Exercícios em laboratórios de Psicologia;
    Brasília, maio-ago. 2004, v. 20 n. 2, p. 205-208. Câmara de Educação Superior
c) Observação e descrição do comportamento em diferentes contextos;
d) Projetos de pesquisa desenvolvidos por docentes do curso;
e) Práticas didáticas na forma de monitorias, demonstrações e exercícios, como parte de disciplinas ou integradas a outras atividades acadêmicas;
f) Consultas supervisionadas em bibliotecas para identificação crítica de fontes relevantes;
g) Aplicação e avaliação de estratégias, técnicas, recursos e instrumentos psicológicos;
h) Visitas documentadas, através de relatórios, a instituições e locais

onde estejam sendo desenvolvidos trabalhos com a participação de profissionais de Psicologia;

i) Projetos de extensão universitária e eventos de divulgação do conhecimento, passíveis de avaliação e aprovados pela instituição;

j) Práticas integrativas voltadas para o desenvolvimento de habilidades e competências em situações de complexidade variada, representativas do efetivo exercício profissional, sob a forma de estágio supervisionado.

Art. 20º Os estágios supervisionados são conjuntos de atividades de formação, programados e diretamente supervisionados por membros do corpo docente da instituição formadora e procuram assegurar a consolidação e articulação das competências estabelecidas.

Art. 21º Os estágios supervisionados visam assegurar o contato do formando com situações, contextos e instituições, permitindo que conhecimentos, habilidades e atitudes se concretizem em ações profissionais, sendo recomendável que as atividades do estágio supervisionado se distribuam ao longo do curso.

Art. 22º Os estágios supervisionados devem se estruturar em dois níveis – básico e específico –, cada um com sua carga horária própria.

§ 1º O estágio supervisionado básico incluirá o desenvolvimento de práticas integrativas das competências e habilidades previstas no núcleo comum.

§ 2º Cada estágio supervisionado específico incluirá o desenvolvimento de práticas integrativas das competências, habilidades e conhecimentos que definem cada ênfase proposta pelo projeto de curso.

§ 3º Os estágios básico e específico deverão perfazer, ao todo, pelo menos 15% da carga horária total do curso.

Art. 23º As atividades de estágio supervisionado devem ser documentadas de modo a permitir a avaliação, segundo parâmetros da instituição, do desenvolvimento das competências e habilidades previstas.

Art. 24º A instituição poderá reconhecer atividades realizadas pelo aluno em outras instituições, desde que estas contribuam para o desenvolvimento das habilidades e competências previstas no projeto de curso.

Art. 25º O projeto de curso deve prever a instalação de um Serviço de Psicologia com as funções de responder às exigências para a formação do psicólogo, congruente com as competências que o curso objetiva desenvolver no aluno e a demandas de serviço psicológico da comunidade na qual está inserido.

Art. 26º Esta Resolução entra em vigor na data de sua publicação, revogadas as disposições em contrário.

Conselheiro Edson de Oliveira Nunes
Presidente da Câmara de Educação Superior

Recebido em 29/04/2004
Aceito em 22/08/2004

Esteja sempre atualizado em relação às notícias publicadas pelo Conselho Regional de Psicologia de sua Região, pelo Ministério da Educação e da Cultura e bem informado em relação ao Código de Ética que norteia o fazer cotidiano do psicólogo.

O mercado de trabalho atualmente é muito receptivo ao psicólogo. Citaremos algumas áreas de atuação possíveis e você poderá consultar em detalhes as belezas, os desafios e as dificuldades de cada um dos campos de atuação no livro *Lugares da Psicologia*.

Como psicólogo, você poderá trabalhar, por exemplo: na área de Psicologia do Esporte; Psicologia Clínica; Psicologia da Saúde e Hospitalar; Psicologia Ambiental; Psicologia Jurídica; Psicologia do Trânsito; Psicologia Escolar; Psicologia Comunitária; Avaliação Psicológica; Psicologia Organizacional e do Trabalho; Neurociências e na área da pesquisa em Psicologia.

Para encerrar, segue uma lista de nomes importantes da Psicologia, Psicanálise e Psicologia Analítica. Tente conhecer seus trabalhos e acrescentar outros ao longo de sua formação. Tente colocar na frente seu principal trabalho e o período em que atuou.

Alfred Binet
Albert Bandura
Anna Freud
Alfred Adler
Abraham Maslow
Arthur Ramos
Burrhus Frederic Skinner
Carl R. Rogers
Carl G. Jung
CarlStumpf
Clarck L. Hull
Donnald Winnicot
Ernest Hilgard
Ernest Jones
Erik H. Erikson
Erich Fromm
Ernst Webwr Edward lee Thorndike
Edward Bradford Titchener
Edward C. Tolman
Emilio Mira y Lopez
Eliezer Schneider
Ferreira França
Franco da Rocha
Gordon Allport
Gustav Theodor Fechner
Granvill Stanley Hall
George Miller
Hermann von Helmholtz
Harvey Carr
Hermann Ebbinghauss
Hugo Mustemberg
Herbert Spencer

Heinz Kohut
Helena Antipoff
Henri Pierón
Ivan Pavlov
John Broadus Watson
Jean Piaget
James McKatell
John B. Watson
John Dewey
James Rowland Angell
Julien Rotter
Konrad Lorenz
Kurt Koffka
Kurt Lewin
Karen Horney
Leon Festinger
Lightmer Witmer
Lourenço Filho
Max Wertheimer
Melanie Klein
Manoel Bonfim
Nikolaas Tinbergen
Neal Miller
Oswald Kulpe
Sigmund Freud
Ulysses Pernambuco
Wolfgang Köhler
Wilhelm Wundt
William James
Walter Dill Scott
Waclaw Radecki

# BIBLIOGRAFIA

ARANHA, M. L. A; MARTINS, M. H. P. *Filosofando: uma introdução à filosofia.* São Paulo: Moderna, 1995.

ARISTÓTELES, *Dé ânima.* São Paulo: Nova Cultural, 1984

AZEVEDO, V. de. *História.* Rio de Janeiro: Ediouro. s/d.

AZEVEDO, C. L. M; CAMARGOS, M.; SACCHETA,V. *Monteiro Lobato: furacão na Botocúndia.* 2. ed. São Paulo: SENAC, 1997.

BARBIZET, J.; DUIZABO, P. *Manual de neuropsicologia.* Porto Alegre: Artmed, 1995.

BARROS. C. S. G. *Pontos de psicologia geral.* 4. ed. São Paulo: Ática, 1995.

BERTOLLI-FILHO, C. *História da saúde pública no Brasil.* 5. ed. São Paulo: Ática, 2003

BÍBLIA SAGRADA. *Antigo e Novo testamento.* Trad. João Ferreira Almeida. Brasília: Sociedade Biblica do Brasil, 1969.

BLEGER, J. *Temas em psicologia.* São Paulo: Martins Fontes, 1993.

BORING. E. G. *A history of experimental psychology.* Nova York: Appleton.

CAMPOS. R. H. F. (org). *História da psicologia.* Coletâneas ANPEPP, v. I, n. 15. São Paulo: EDUC, 1996.

CARPIGIANI, B. (org). *Lugares da psicologia*. São Paulo: Vetor, 2008.

CARPIGIANI, B. (org). A arte e a técnica da comunicação na saúde: um estudo das estruturas de comunicação presentes na relação entre o médico e seu paciente. Tese de doutorado apresentado ao programa de Pós-Graduação em Comunicação Social. UMESP, 2007.

CHAVES, A. M. "Trinta anos de regulamentação: análise e depoimentos". In: *Psicologia: ciência e profissão*, v. 12, n. 2, p. 4-9, 1992.

COLEMAN, J. C. *A psicologia do anormal e a vida contemporânea*. São Paulo: Bibl. Pioneira de Ciências Sociais, 1964.

CONSELHO FEDERAL DE PSICOLOGIA, Câmara de Educação e Formação Profissional. *Psicólogo Brasileiro: Práticas emergentes e desafios para a formação*. Coordenação: Rosemary Achcar. São Paulo: Casa do Psicólogo, 1994.

COSTA, L. C. A; MELLO, L. I. *História do Brasil*. São Paulo: Scipione, 2000.

C. R. P. *100 anos de Brasil*.

C. R. P. *Jornal do C. R. P.* – 6ª Edição. Ano 14, março a dezembro, 1994.

DANTAS, P. S. *Para conhecer Wallon: uma psicologia dialética*. São Paulo: Brasiliense, 1983.

DOWDEN, K. *Os usos da mitologia grega*. Campinas: Papirus, 1994.

D'HAUCOURT, G. *A vida na idade média*. São Paulo: Martins Fontes, 1994.

EDWARDS, D. C. *Manual de psicologia geral*. São Paulo: Cultrix, 1994.

EVANS, R. I. *Construtores da psicologia*. São Paulo: Summus/EDUSP, 1979.

FREUD, S. *A interpretação dos sonhos*. v. V. Rio de Janeiro: Imago, 1969.

FREUD, S. *Cinco lições de psicanálise*. v. V. Rio de Janeiro: Imago, 1969.

FREUD, S. *O ego e o Id*. v. XIX. Rio de Janeiro: Imago, 1969.

FREUD, S. *Conferências introdutórias.* v. XV, XVI. Rio de Janeiro: Imago, 1969.

FREUD, S. *Obras completas.* Tradução Durval Marcondes. Edição Standard. Rio de Janeiro: Imago, 1969.

GAARDER. J. *O mundo de Sofia.* São Paulo: Companhia das Letras, 1995.

GARCIA-ROZA, L. A. *Psicologia estrutural em Kurt Lewin.* Petrópolis: Vozes, 1972.

GAY, P. *Freud: uma vida para nosso tempo.* São Paulo: Companhia das Letras, 1990.

GÓIS, S. L. M. *A comunicação científica da febre amarela no fim do século XIX e inicio dos séculos XX e XXI.* Dissertação de Mestrado em comunicação social, Universidade Metodista de São Paulo, 2005.

GROESBECK, C. J. "A imagem arquetípica do médico ferido", *Revista da Sociedade Brasileira de Psicologia analítica,* p. 72-96, 1983.

HALL. C.; LINDZEY. G. *Teorias da personalidade.* São Paulo: EDUSP, 1973.

HEIDBREDER. E. *Seven psychologies.* Nova York: Appleon, 1933.

HENNEMAN. R. H. *O que é psicologia.* Rio de Janeiro: José Olympio, 1972.

HESÍODO. *Os trabalhos e os dias.* Tradução Mary de Camargo Neves Lafer. São Paulo: Iluminuras, 1996.

HESÍODO. *Teogonia: a origem dos deuses.* Tradução Jaa Torrano. São Paulo: Iluminuras, 1993.

HOMERO. *Ilíada.* Trad. Carlos Alberto Nunes. Rio de Janeiro: Ediouro, s/d.

HOMERO. *Odisseia.* Tradução e adaptação Fernando C. de Araújo Gomes. Rio de Janeiro: Coleção Universidade de Bolso, s/d.

HOLLAND, I. G; SKINNER, F. B. *A análise do comportamento.* São Paulo: EPU, 1973.

ISMAEL, J. C. *O médico e o paciente: breve história de uma relação delicada.* São Paulo: T. A. Queiroz, 2002.

JAMES, W. *The principles of psychology.* Nova York: Holt, 1890.

JERPHAGNON, L. *História das grandes filosofias.* São Paulo: Martins Fontes, 1992.

JUNG, C. G. *Memórias, sonhos e reflexões.* São Paulo: Nova Fronteira.

KELLER, F. S. *Aprendizagem: teoria do reforço.* Tradução Rodolpho Azzi. São Paulo: EPU, 1973.

KÖHLER, W. *Psicologia da Gestalt.* Belo Horizonte: Itatiaia, 1968.

KRECH, D; CRUTCHFIELD, D. R. *Elementos de psicologia.* São Paulo: Pioneira, 1973.

KRECH, D; CRUTCHFIELD, D. R; BALLACVHEY, E. *O indivíduo na sociedade: um manual de psicologia social.* São Paulo: Pioneira, 1978.

KÜPFER, M. C. *Freud e a educação: o mestre do impossível.* São Paulo: Scipione, 1989.

LANE, S. *O que é psicologia social.* São Paulo: Brasiliense, 1999.

LA TAILLE, Yves de et al. *Piaget, Vygotsky, Wallon: teorias psicogenéticas em discussão.* São Paulo: Summus, 1992.

LIMA-GONÇALVES, E. *Médicos e ensino da medicina no Brasil.* São Paulo: Edusp, 2002.

LOPES. E. R. "Psicologia e existência", *Revista de psicologia humanista*, CEPHE, v. 1, 1982.

LURIA. A. R. *Curso de psicologia geral.* Rio de Janeiro: Civilização Brasileira, 1979.

LUNDIN, R. W. *Personalidade: uma análise do comportamento.* São Paulo: EPU, 1977.

MARGOTTA, Roberto. *História ilustrada da medicina*. São Paulo. Editora: Manole, 1998.

MASSIMI, M. *História da psicologia brasileira da época colonial até 1934*. São Paulo: EPU, 1990.

MASLOW, A. H. *Motivation and personality*. Nova York: Harper & Row, 1970.

MEZAN, R. Artigo publicado no Caderno Mais do jornal *Folha de S.Paulo*, 21/11/1993.

MILHOLLAN, F; FORISHA, B. *Skinner X Rogers: maneiras contrastantes de encarar a educação*. São Paulo: Summus, 1978.

MINOZZI, C. L. "Uma outra visão da cidade", *Caderno UNIABC de Arquitetura e Urbanismo*, 5, p. 42-50, 1999.

MIZUKAMI, M. G. *Ensino: as abordagens do processo*. São Paulo: EPU, 1986.

MÜELLER, F. L. "História da Psicologia", *Atualidades Pedagógicas*, v. 89, 1978.

NADAI, E; NEVES, J. *História do Brasil*. 17. ed. São Paulo: Saraiva, 1995.

OLIVEIRA, M. K. de. *Vygotsky – aprendizado e desenvolvimento – um processo sócio-histórico*. São Paulo: Scipione, 1985.

PENNA, A. G. *Introdução à psicologia cognitiva*. São Paulo: EPU, 1984.

PERLS, F. S. *Isto é gestalt*. São Paulo: Summus, 1977.

PESSANHA, J. A. M. *Sócrates: vida e obra*. Coleção Os pensadores. São Paulo: Nova Cultural, 1983.

PESSOA, F. *O eu profundo e os outros eus: seleção poética*. São Paulo: Nova Fronteira, 1980.

PIAGET, J. *A equilibração das estruturas cognitivas*. Rio de Janeiro: Zahar, 1976.

PIAGET, J. *O nascimento da inteligência na criança*. 4. ed. Rio de Janeiro: Zahar, 1982.

PIAGET, J. *Seis estudos de Psicologia*. Rio de Janeiro: Forense Universitária, 1964.

PLATÃO. *A República*. São Paulo: Globo, s/d.

RAPPAPORT, C. R., et all. *Psicologia do desenvolvimento*. v. 4. São Paulo: EPU, 1989.

REALE, G. *História da filosofia antiga*. 9. ed. São Paulo: Loyola, 1992.

REICH, W. *Análise do caráter*. São Paulo: Martins Fontes, 1972.

ROCHA JÚNIOR, A. "Currículos de Psicologia: uma análise crítica". Dissertação de Mestrado. Universidade Mackenzie, 1996.

RODRIGUES, A. *Psicologia social*. Petrópolis: Vozes, 1973.

ROGERS, C; KINGET. *Psicoterapia e relações humanas*. Belo Horizonte: Interlivros, 1975.

ROSENFELD, A. *O pensamento psicológico*. São Paulo: Perspectiva, 1993.

ROSSELINI, R. (Direção) *Sócrates*. Itália: 1971.

SANTOS-FILHO, L. de C. "Medicina no período imperial". In: HOLANDA, S. B. (coord). *História geral da civilização brasileira*. v. III. São Paulo: Difusão Européia do Livro, 1967. p. 467-489.

SASS, O. *Jornal do C.R.P.* Ano 14, janeiro-fevereiro, 1994.

SCHWAB, G. *As mais belas histórias da antigüidade: os mitos da Grécia e de Roma*. 2. ed. Rio de Janeiro: Paz e Terra, 1995.

SEVERINO, A. J. *Filosofia*. São Paulo: Cortês, 1992.

SOUZA, José Cavalcante. *Os pré-socráticos: fragmentos, doxografia e comentários*. São Paulo: Abril Cultural, 1995

STAAT. D. A. *Introdução à psicologia.* São Paulo: Harbra, 1986.

SCHULTZ. D. P; SCHULTZ, S. E. *História da psicologia moderna.* São Paulo: Cultrix, 1992.

SILVEIRA, N. da. *Jung: vida e obra.* 7. ed. Rio de janeiro: Paz e Terra, 1981.

SKINNER, B. F. *Walden Two:* uma sociedade do futuro. 2 ed. São Paulo: EPU, 1978.

SKINNER. B. F. *Ciência e comportamento.* Brasília: UNB, 1970.

SKINNER. B. F. "A case history of scientific method", *American Psychologist,* n. 11, p. 221-233, 1956.

SKINER, B. F.; TODOROV, J. C. *Ciência e comportamento humano.* São Paulo: Martins Fontes, 2003.

SOCIEDADE BRASILEIRA DE PSICOLOGIA. *Análise das Diretrizes Curriculares para o Cursos de Graduação em Psicologia.* Riberão Preto, 1999.

STEPHANIDES, M. *Ilíada a guerra de Tróia.* São Paulo: Odysseus, 2000.

STONE, I. F. *O julgamento de Sócrates.* São Paulo: Companhia das Letras, 1991.

TAPAJÓS, D. E. *Psicofísica da percepção e representações.* Tese de Doutorado.

TÄHKÄ, V. *Relação médico-paciente.* Porto Alegre: Artes médicas, 1988.

THORNDIKE, E. L. *The elements of psychology.* Nova York: Seiler, 1905.

TELES, M. L. S. *Aprender psicologia.* São Paulo: Brasiliense, 1990.

TELFORD, C; SAWREY, J. M. *Psicologia: uma introdução aos princípios fundamentais do comportamento.* São Paulo: Cultrix, 1968.

THOREAU, H. D. *Walden: life on the wood.* Boston: Ticker and Fields, 1941.

TITCHENER, E. B. *Manual de Psicologia* e *Psicologia para principiantes.*

TORRANO, J. Estudo e Tradução. *Teogonia: a origem dos deuses*. São Paulo: Iluminuras, 1993.

VIGOTSKY, L. S. *A formação social da mente*. São Paulo: Martins Fontes, 2007.

VIGOTSKY, L. S. *Pensamento e linguagem*. São Paulo: Martins Fontes, 2008.

WATSON, J. B. "Psychology as the behaviorist views it", Psychological Review, 23, p. 89-116, 1913.

WINNICOTT, D. W. *Natureza humana*. Rio de Janeiro: Imago / Francisco Alves, 1990.

ZIMMERMAN, D. E. *Fundamentos psicanalíticos: teoria, técnica e clínica – uma abordagem didática*. Porto Alegre: Artmed, 1999.


Dados de Internet

BAHLS, S. C.; NAVOLAR, A. B. B. *Terapias cognitivo-comportamentais: conceitos e pressupostos teóricos*. 2004. http://www.utp.br/psico.utp.online. Acessado em 13 de fevereiro de 2008.